諸葛亮傳奇

歐陽彥之 著

從布衣到曠代名相

目錄
CONTENTS

第四章 依靠仁德橫掃千軍

第五章 捕捉生活中的每一個細節

第六章 世上沒有成功的「獨行俠」

第七章 謙虛是一種美德

目錄
CONTENTS

第十一章 做人要一步一個腳印

第十二章 別讓情緒誤了你

第十三章 做人要順勢而為

目錄
CONTENTS

〈前言〉

學習天下奇才諸葛亮的智慧

人類存在的價值是多元化的，其最大的價值就是真善美的和諧統一。真善美是人類發展的最高追求，與此相比，某個人能在歷史長河中留下痕跡，激起浪花，那一定很了不起。

三國時蜀漢丞相諸葛亮在中國歷史上就是這樣一位充滿智慧的人。

諸葛亮，字孔明，號臥龍，琅琊人。他生長在漢末亂世，懷王佐之才，抱濟世之志，隱世躬耕於山野，同時交結四方名士，談論政治，鑽研學問，靜觀天下風雲變幻，自比於管仲、樂毅，有澄清宇內、光復漢室的遠大志向。

及出山之後，他德威並舉，運籌帷幄，決勝千里，縱橫捭闔，輔佐劉備建立蜀漢，聯吳抗曹。

儘管「出師未捷身先死，長使英雄淚滿襟」，但他那宏偉遠大的抱負，堅忍不拔的毅力，忠貞不渝的赤誠，超凡絕倫的才智，卓爾不群的人格，達到了和諧統一。隆中對策、舌戰群儒、草船借箭、七擒孟獲……一個個經典之作，猶如蒼穹中一顆顆璀璨的明珠，成就了家喻戶曉的智慧傳奇。

那麼，諸葛亮的智慧究竟從何而來呢？是什麼讓他從一個父母雙亡的流浪少年成長為羽扇綸巾的開國丞相的呢？他又是怎樣忍耐著寂寞，一步一步不停止地提升自身的？而千百年後的今天，他的卓越智慧又能給我們帶來哪些啓迪和幫助呢？

本書從一個嶄新的角度解讀諸葛亮的一生，既講故事，又分析事件，並與當今現實生活相結合，總結出能在現實生活中運用的規律和技巧。

諸葛亮的治國、理家、育人之道影響著歷朝歷代的賢能人士，他的「非淡泊無以明志，非寧靜無以致遠」的人生態度淨化了許多人浮躁的心，他的戰略眼光更值得我們欽佩。

軍事中，「不戰而屈人之兵」一向被譽為作戰的最高境界，而善於運用心理戰術的諸葛亮也在「空城之計」、「三氣周瑜」、「七擒七縱」中向我們完美地展現了這一點。

同時，本書還將諸葛亮爲人處世的原則引入現代職場。諸葛亮正是憑藉他過人的才識、超凡的智慧以及強大的人格魅力，才成就了他一生的卓越成就，爲後人留下了寶貴的精神財富。

本書內容全面、案例生動、語言輕鬆，是值得反覆研讀的人生智慧枕邊書。

第一章

改變人生的第一步

年輕時代的諸葛亮，「每自比管、樂」，立志要成為出將如樂毅、入相如管仲的傑出人物；而他初出茅廬就選擇輔佐劉備，也正是因為劉備跟他有著「統一中原，興復漢室」這一共同的清晰目標和明確的志向。

1 用遠大志向引導自己

「窮人最缺少的是什麼？是成爲富人的野心！」準確地說，這裡的「野心」應該是「雄心壯志」。一個心志不高的人，一個沒有遠大目標的人，一個連人生藍圖都沒有的人，能夠創造出什麼奇跡。連想都不敢想，又何來動力，何來成功？

身居隆中的諸葛亮，沒有一天不關心著天下形勢的變化。

諸葛亮對天下形勢的瞭解，首先得益於荊州襄陽優越的地理位置。史載「襄陽上流門戶，北通汝洛，西遮湖廣，東瞰吳越」，這種四通八達的水陸交通，使得襄陽成為南北往來人流的交匯所在。當時四面八方的軍政情報，必定隨著來來往往的過客傳到這裡。

諸葛亮對天下形勢的瞭解，還得益於他接觸的各種人物。他在隆中所接觸的人物，大體上可分為三類：親族、在野人士、政界要人。

在《隆中對》中，諸葛亮對劉備說：「若跨有荊、益，保其岩阻，則命一上將荊州之軍以向宛、洛，將軍身率益州之眾出於秦川，百姓孰敢不簞食壺漿以迎將軍者乎？誠如是，則霸業可成，漢室可興矣。」

《前出師表》表中，諸葛亮再度向劉禪表示：「今南方已定，兵甲已足，當獎率三軍，北定中原，庶竭駑鈍，攘除奸凶，興復漢室，還於舊都，此臣所以報先帝，而忠陛下之職分也……」

由此可見，北伐中原，復興漢室，是諸葛亮終生的志向。

其實，每個人的人生都需要前進的方向，這樣人生才有目標、有奔頭。明確的目標會使人在心底裡堅信：成功在下一個路口。

古語說：「英雄不問出處。」無論一個人曾經如何，只要他從現在開始為自己設定一個目標，並矢志不移地朝著目標前進，他就等於找到了前進路上的指南針。

在相鄰的兩座山上各有一座廟，每座廟裡都住著一個和尚，而這兩座山之間有一條溪流。因為山上沒有水源，這兩個和尚每天都會在同一時間到山下溪邊挑水。久而久之，他們便成了朋友。

就這樣，他們每天挑水，不知不覺間五年過去了。突然有一天，左邊這座山上的和尚沒有下山去挑水。右邊山上的和尚就納悶了：莫非他生病了？然而，半個月過去了，左邊山上的和尚還是沒有下山挑水。又過了半個月，還是沒有見到他。

右邊山上的和尚有些不放心了，他擔心對方發生了什麼意外——一個人幾天不喝水會被渴死。於是，他決定去看望另一位和尚。

等他爬上左邊的山，看到另一位和尚後，他大吃一驚。因為另一位和尚正在廟前打拳，一點也不像一個月沒喝水的人，而且看起來精神抖擻。他好奇地問：「你已經一個月沒有下山挑水了，難道你不用喝水嗎？」左邊這座山的和尚說：「來來來，我帶你去看。」

他帶著右邊那座山的和尚來到了後院，指著一口井說：「五年前我就決定要在這裡挖一口井。這五年來，我每天做完功課後，都會抽空挖井。有時即使很忙，也是能挖多少算多少。如今，終於讓我挖出水來，我自然不必再下山挑水。這樣，我可以有更多時間練我喜歡的拳了。」

每個人的今天實際上都是為明天而準備的。看完這個故事，我們不難得出這樣一個結論。今天的一個決定可能對十年後的生活產生很大的影響。今天的輕鬆，是因爲你把生活的責任留在了將來；今天的苦累，是爲明天的路鋪上基石。一份好的人生規劃，能為你的今天和明天做出最好的銜接。

每個人的一生其實都是這樣，彎路要是走多了，再想找到終點就不是一件容易的事情了。千萬不要以年輕為條件，空談理想，不切實際。

如果你對自己的人生有了規劃，有了明確的目標，就要堅定地走下去。左顧右盼只會白白浪費你的時間。

近代微生物學奠基人巴斯德如此昭示世人：「告訴你使我達到目標的奧秘吧，我唯一的力量就是我的堅持精神。」

2 知道什麼對自己最重要

孟子說：「權然後知輕重，度然後知長短。」一個人在日常生活中應該表現為對社會的密切關注和敏銳分析，從不斷發展、變化著的社會中尋找適應的途徑，尋求和社會相適應的生活和活動方式，這才是一個人樹立高遠志向的基礎所在。

《三國演義》第三十八回諸葛亮談到了「三分天下」。諸葛亮在論及「天下豪傑並起」時，根本沒有提到偏居涼州的馬騰和漢中的張魯。由此可見，諸葛亮並未把他們看在眼裡，而對於劉表和劉璋，諸葛亮這樣點評：

劉表：有「北據漢、沔，利盡南海，東連吳會，西通巴、蜀」的「用武之地」，但卻「不能守」；劉璋：「暗弱」、佔據「沃野千里，天府之國」的「險塞」益州、「民殷國富，而不知存恤」。從諸葛亮的言談語氣中我們不難看出，諸葛亮根本看不上他們。

而對於曹操和孫權，諸葛亮則給予了較高的評價。曹操在北方占的是天時，「擁百萬之眾，挾天子以令諸侯」，「不可與爭鋒」；而孫權在南方占的是地利，「據有江東，已歷三世，國險而民附」，他們都會成就自己的霸業，如果諸葛亮輔佐他們的話，必然會增大成為「新一代」管仲、樂毅的可能性，可諸葛亮沒有選擇他們，而是選擇了寄人籬下的劉備。

原因很簡單，劉備可以給諸葛亮提供一個實現抱負、發揮才能的舞台。劉備是中山靖王劉勝的後代，當今的皇叔，是漢室正宗的血脈，而諸葛亮也有著「興復漢室」的抱負，他需要這個能夠名正言順地幫他實現抱負的舞台。雖說劉備當時寄人籬下，僅僅佔據一座新野小城，容身都尚有困難，從勢力上根本無法與強大的曹操抗衡。但起點越低，發展往往就會越快，這反而能夠使諸葛亮更好地施展自己的才華，鍛煉自己的能力。從團隊組合來看，當時的劉備手下，武有關羽、張飛、趙雲等猛將，文有孫乾、簡雍等「白面書生」。正如「水鏡先生」司馬徽所言，孫、簡等輩「非經綸濟世之才」，關、張、趙「皆萬人敵，惜無善用之人」，而諸葛亮恰好能填補這一空缺，劉備也心甘情願讓他來擔任這個僅位居其下的軍師。這就給諸葛亮提供了一個施展才華、實現抱負的舞台，也只有在這樣的一個舞台上，諸葛亮才能夠盡顯其能。

劉備團隊是諸葛亮展現自己才能的舞台。諸葛亮是一位有大智慧的人，爲了實現自己的抱負，他選擇輔佐實力薄弱的劉備，盡心盡責，鞠躬盡瘁，死而後已。

由此，我們也更加理解諸葛亮選擇劉備的原因了：**找到一個適合自己的舞台比任何事情都重要**。我們只有明白什麼對自己是最重要的，才可以加快我們成功的速度。

一個人只有清楚自己想要的是什麼，知道什麼對自己最重要，才會全身心地投入其中，創出佳績。倘若一個人連自己奮鬥的目標都不甚瞭解的話，就不可能制訂縝密的計畫去實現夢想，成功和勝利也只是黃粱一夢罷了。

3 草擬人生規劃圖

諸葛亮認爲，人生需要認真規劃，沒有認真規劃的習慣，只能使自己每天過著粗糙的生活，更談不上打開人生局面。成大事者的習慣之一就是善於在自己的人生規劃方面精打細算。

諸葛亮的人格魅力並不僅僅在於他智謀出眾，治國有方，更爲重要的是他早早就爲自己草擬了一張人生規劃圖，並爲實現自己的目標不斷努力著。

諸葛亮生活在距今一八〇〇多年前諸侯並起、紛爭不斷的三國時代。正是因為與劉備團隊有著「統一中原，與復漢室」這一共同清晰的目標和明確的志向，長期隱居的諸葛亮才決定出山，投靠當時最為勢單力薄的劉備團隊，並終生為其奔走效力。儘管劉備團隊最後並沒有統一天下，但是諸葛亮個人還是為劉備團隊做出了傑出的貢獻，實現了個人事業的成功。

諸葛亮之所以能夠取得事業的成功，能夠真正做到「鞠躬盡瘁死而後已」，正是因為他樹立了遠大的目標。他並不認為自己的所作所為僅僅是為了成就劉備，相反，他覺得自己是為實現自己的目標而努力。從他親自撰寫的感人至深的《出師表》中，我們不難發現他「北定中原」的堅強意志。

因此，一個人只有志存高遠，才能勇往直前。只有給自己的人生設定了目標，並順著既定的目標不懈奮鬥，才能擁有充滿色彩和樂趣的人生。

有兩名瓦工在炎炎烈日下辛苦地砌一堵牆，一位行人走過，問他們：「你們在幹什麼？」

「我們在砌牆。」一個人答道。

「我們在修建一座美麗的劇院。」他的同伴回答。

後來，將自己的工作視為砌牆的瓦工砌了一生的牆，而他的同伴則成了一位頗有成就的建築師，承建了許多美麗的劇院。

爲什麼同是瓦工，他們的成就卻有著如此巨大的差別呢？其實，我們從兩人不同的回答中，已經可以看出他們不同的人生態度。前者僅僅把工作當成工作，而後者則把工作當作一種創造性的事業；前者只知道把一塊塊磚砌到牆上去，別的一概不聞不問，後者卻在砌磚的同時，明確自己的目標，要修建一座美麗的劇院。

兩個人本在做同樣的工作，卻因爲一個有目標，一個無目標，而造就了兩人不同的成就、不同的命運。那麼，你爲自己的人生設立了什麼目標呢？

成大事者往往在起步時就有了明確的生活目標。應成爲一個什麼樣的人？將誓死捍衛的是什麼？當自己離世以後，能爲後人留下些什麼？

成大事者思維清晰，能夠按階段有步驟地設定目標。「五年計畫」，「一年計畫」，「六個月達標」，「本年度夏季運動會的目標」等。總之，成大事者每一分每一秒都在積累。

成大事者每天的目標，至少要在前一天的傍晚或晚間制訂出來，還應將第二天要做的事情排出先後順序，至少要寫出六件以上順序明確的事情。於是，第二天清晨醒來，他們就按照既定的順序，去身體力行。

每天結束後，他們會再次確認這張目標表。已完成的事情就用筆劃掉，並把新的事情追加上去，一天內尚未完成的，就順推到下一天去。

怎樣才能進行積極的「目標設定」呢？其秘訣就在於明確規定目標，將它寫成文字，妥善保存。目標就好像已經達到了一樣，想像與朋友談論它，描繪它的具體細節，並從早到晚保持這種心情。

海上行舟與人生何其相似。在人生的海洋上，流逝的時間像吹到船上的風，揚起風帆的船就是我們自己。周圍發生的一切，都無法代替我們駕馭那只屬於我們自己的小船。

人都會有這樣的體會：當你確定只走一公里路的目標後，那在你走完零點八公里的路程時，你就可能因爲累而放鬆自己，總覺得反正就快到達目的地了。但如果你的目標是要走十公里路程，你便會做好思想準備，調動各方面的潛在力量。這樣走了七八公里後，才可能會稍微放鬆一點。可見設定一個遠大的目標，可以發揮人的很大潛能。

大目標可能需要十年、二十年甚至終生爲之奮鬥。大目標的設定是很難精確、詳細的，尤其是對經驗不足、閱歷不深的人來說，更是如此。隨著經驗的增加，階段性的中短期目標的實現，人會站得更高，這樣人生大目標也會逐漸清晰、明確。

4 —志向再遠大也要腳踏實地—

做一個非凡的人很難，因爲非凡的人都有遠大的志向，並能夠腳踏實地地做事；而一般的人雖也有遠大的志向，卻只是在憑空編織自己的夢想，無法做到腳踏實地，那麼理所當然就只能是一般人了。

劉備第一次見到諸葛亮，就覺得這是一個值得以事業相托的人。說也奇怪，這種一面之交產生的信任感，劉備此前從未有過。於是他摒退旁人，對諸葛亮講出心裡話：「現在朝綱崩潰，群雄割據，奸臣掌權，使漢朝天子蒙受苦難。我不度德量力，想伸張大義於天下，使天下一統，漢綱復振。然而由於我缺少智術，屢受挫折，時至今日，一無所成。不過，我並不灰心，志亦未減，您能幫我出謀劃策嗎？」

諸葛亮被劉備的赤誠打動，將自己多年思考形成的觀點和盤托出：「自從董卓亂政以來，豪傑並起，雄踞一方，勢力跨州連郡者亦不可勝數。先說北方的曹操，他和袁紹相比，名望低微，兵少將寡。但他最後卻能戰勝袁紹，由弱變強，這不僅是由於客觀形勢有利於他，也是他主觀努力的結果。如今，曹操已經擁有百萬兵眾，又有『挾天子以令諸侯』的政治優勢，此時與他爭雄顯然是不明智的。」

諸葛亮見劉備邊聽邊贊許地點頭，又繼續說道：「孫氏佔據江東，已經歷了孫堅、孫策、孫權三世雄主，那裡地勢險要，民眾歸附，賢能之人盡展其才，因此，只可與他聯合而不能謀取他。」

劉備聽到這裡，不禁疑惑：那我們的立足之地在哪兒呢？諸葛亮似乎看出了他的心思，接著說：「荊州這個地方，北有漢水、沔水，南可直達南海郡，東南可連接吳郡、會稽郡，西則通往巴郡、蜀郡。這是一個戰略要地，而它的主人劉表卻沒有能力將其守住。這恐怕是天賜給你的寶地，不知將軍是否有此意願？還有益州這個地方，四塞險固，沃野千里，被稱為『天府之國』，漢高祖劉邦就是靠它成就的帝業。如今它的主人劉璋昏庸無能，又有張魯在北邊與他分庭抗禮。那裡民多地富而劉璋卻不知道如何使百姓安居樂業，因此，那裡有眼光、有才能的人都希望得到一個明主。」

諸葛亮這段分析，就是想告訴劉備，欲求發展，興復漢室，荊州、益州是必先佔領的根據地。最後，諸葛亮又概括總結了平定天下、復興漢室的任務：「將軍是漢朝皇室的後代，信義著於四海，延攬英雄豪傑，思賢如饑似渴。如果擁有荊、益二州，據險守土，西面與諸戎和睦相處，南面安撫夷人越人，對外結好孫權，對內治國理政，等待時局有變，就命一得力將軍率荊州之軍進攻宛、洛，將軍則親率益州大軍出秦川進攻中原，百姓孰敢不簞食壺漿以迎將軍？如果真能那樣，那麼將軍霸業可成，強盛的漢朝可以再現了。」

諸葛亮這段精闢的論說的大意，就來自被後人讚頌不絕的《隆中對》。

諸葛亮為劉備獻策，並非局限於劉備所駐守的新野，而是縱觀全域，預測未來。北方的曹操、江東的孫權、荊州的劉表、益州的劉璋、漢中的張魯均在他的考慮之列。諸葛亮胸懷全域，制訂出這樣一個完整的發展戰略，使劉備得以明確了奮鬥目標。

《隆中對》中的種種預測是以客觀事實為依據，經過通盤考慮，得出的合乎邏輯的結論。因此，據它而制訂的決策可行而穩妥。這一決策的核心是避開強大的曹操和孫權，向力量薄弱的中西部發展，然後積蓄力量，向中原拓展。這既符合當時的形勢，又頗得兵法要領。

《隆中對》乃是處於危世而能高瞻遠矚的偉大戰略思想的產物，它顯示出諸葛亮高超的謀略。

我們不能做沒有理想的人，沒有理想的生命是暗淡的；我們同樣也不能做好高騖遠的人，好高騖遠的人對自己要求過高，其結果必然是吃力不討好。有時候，不爲自己做不到的事情操心，將時間和精力用在自己力所能及的事情上，那麼我們的歡樂就會多一點。

人都想出人頭地，轟轟烈烈過一生，而有追求、敢於拚搏才能實現出人頭地，做人要有遠大的志向和夢想，這是我們爲之奮鬥的目標，但僅僅有夢想是不夠的，我們還需要腳踏實地，一步一個腳印地去做，才能把夢想轉化成現實。

第二章
把話說到對方心坎上

《三國演義》中，以口謀生的謀士無數。但他們的口才只能為他們的智謀服務，卻不可以作為制勝的手段。唯有被對手貶為「諸葛村夫」的諸葛亮，卻以他出眾的口才完成了一個個幾乎不可能完成的任務。

1 讚美是最好的禮物

人與人之間的交往是溝通感情的基礎。人非草木，孰能無情？在日常生活中，同事、同學、朋友之間的禮尚往來，是常有之事。老同學、老朋友、老戰友聚在一起，回憶過去，談古論今，談天說地是人們的必然話題，在這種場合下，談多談少都可隨意。而在帶有工作性質，或爲某種關係往來的聚會場合下，說話就一定要慎重，因爲飯桌上的談話，往往具有很大的隨意性，有些話帶有強烈的感情色彩，說多了難免有失偏頗，尤其是對單位的人或事的評論一旦傳開，對上對下、對人對己都不好，容易造成誤解與煩惱。在工作中，沒把握的事不說，騙人的話不說，傷人的話不說，揭人短的話不說，更不要用貶義的綽號來諷刺他人。

愛美之心人皆有之，每個人都有不同的個性，也都有不同的優缺點，抓住個性，讚美他們的優點，便是協調人際關係的有效手段之一。當然，讚美別人要真心，要恰如其分，不能言過其實。因人、因時、因地、因場合適當地讚美別人，是對別人的鼓勵和鞭策。通常，年輕人愛聽人誇自己風華正茂，有風度；中年人愛聽人誇自己幽默風趣，成熟穩健；老年人愛聽人誇自己經驗豐富，老當益壯，德高望重；女人愛聽人誇自己年輕漂亮，衣著合體，身材苗條；孩子愛聽人誇自己活潑可愛，聰明伶俐；病人愛聽人誇自己病情見好，精神不錯。

說話要說到冷暖之處、要害之處。有時，話不在多，而在於是否說好。對人要有關懷之情，然而真正的關懷不需要很多，一個無言的動作，一個心領神會的表情，一句刻骨銘心的話都能使人感動。對於窘迫的人說一句解圍的話；對頹喪的人說一句鼓勵的話；對於迷途的人說一句提醒的話；對於自卑的人說一句振作的話；對痛苦的人說一句安慰的話；對頭腦發熱的人說一句降溫的話；對高傲的人說一句「滿招損，謙受益」的話；對私欲心重而容易受誘惑的人，說一句潔身自好的話；對容貌一般的人說一句「良好的個性和氣質遠比漂亮的外表更可貴」的話。

人們交際中的心理活動，既然是通過語言活動反映出來的，那麼語言對於交際中的心理過程就至關重要了。交際雙方是否融洽在很大程度上取決於語言藝術。

關羽的性格中有一個明顯的弱點——「剛而自矜」。關羽不但太過剛烈，而且十分高傲，特別是對其他的同僚。他的眼裡只有大哥劉備一人，其他人一律靠邊站。或許有人說，關羽武藝超群、義薄雲天，有這個資本來「傲」。但是，對於一個荊州總督，一個掌握劉備一半江山命運的人來說，這種性格卻是不稱職的，它甚至導致了蜀漢政權霸業難成，最終只能偏安一隅。

且說剛當上漢中王的劉備不僅加封了關羽，還給其他人也加官晉爵。其中，馬超原本是朝廷所封的都亭侯、偏將軍，投奔劉備後，劉備便封他為平西將軍；而在劉備當上漢中王以後，又把以前朝廷給自己的左將軍之位讓給了馬超，並賜予他「假節」。

偏將軍是將軍中地位較低的，多由校尉或裨將升遷，屬於第五品；平西將軍屬於第三品；左將軍則更不得了，它位如上卿，金印紫綬，負責防衛京師、戍守邊關和討伐四方蠻夷。前將軍和左將軍是同品級的官職，只是前者在次序上稍稍靠前。馬超家族原在東漢朝廷和西涼地區的威望很大，而他自己又是武藝超群、一表人才、聲名遠揚，所以劉備給他高官厚祿也不過分。

但偏偏有一個人看不順眼，覺得馬超不是劉備的舊部，卻在數年間連跳幾級，而自己鞍前馬後跟劉備打江山已經幾十年了，資歷最老，怎麼能跟初來乍到的馬超相提並論呢？而這個目空四海的人就是關羽。

於是，身處荊州的關羽就寫了一封信給在成都的諸葛亮，詢問馬超的能力到底如何？自己與馬超比，究竟誰強？諸葛亮一看信就知道關羽自傲的老毛病又犯了。這可是個大問題。「兩虎相爭，必有一傷」，萬一這兩個大將鬧起矛盾來，受損失的可是整個劉備集團的利益和統一全國的大業。於是，諸葛亮提筆給關羽寫一封回信，把這場矛盾消滅在萌芽狀態。信中寫道：「孟起兼資文武，雄烈過人，一世之傑，黥、彭之徒，當與翼德並驅爭先，猶未及美髯公之絕倫逸群也。」

意思是說，馬超馬孟起的確文武雙全，有過人之處，可稱當世的英雄豪傑。但是，他只相當於黥布、彭越之類的角色，實力可以和張翼德並駕齊驅，卻並不如您美髯公關羽那麼超凡絕倫（關羽很愛惜自己的長鬍鬚，最喜歡別人誇他這一點，所以諸葛亮稱他為「美髯公」）。

諸葛亮的這番溢美之詞說得關羽心花怒放，他不僅當即打消了與馬超爭名奪位的念頭，還把這封回信給自己手下的賓客傳閱，讓大家都知道：諸葛軍師認為大名鼎鼎的馬超還是比我關羽稍遜一籌。

就這樣，一場即將燃起的內部爭鬥就這樣被諸葛亮妙語平息了。

在生活和工作中，我們有時候會遇到類似的事情，那時候我們就要學學諸葛亮，在不傷和氣的同時使對方接受自己。

2 「綿裡藏針」

也許是你的部下，也許是你的上司，當他犯了錯誤後，你該怎麼辦？是直接責備他？還是暫時容忍他的一次過錯？其實，只要對方犯的不是原則性錯誤，或者不是處在犯錯誤的現場，就沒有必要「真槍實彈」地批評。我們可以不指名道姓，用較溫和的語言點明問題，或是用某些事物對比、影射，也就是平常所說的「點到爲止」，起到警告的作用。當你面對上司時，尤其要講究方式方法，因爲你的飯碗就捏在他的手裡。

劉備自從將諸葛亮納入麾下之後，便鬆懈下來。一天，有人送給他一些犛牛尾，劉備閑來無事，就拿起這些犛牛尾幹起了自己的老本行——編織帽子。諸葛亮正好進來看見了，於是嚴肅地說道：「明公難道已經沒有了遠大的志向，僅僅滿足於做這些小事嗎？」

劉備非常感謝諸葛亮提醒了自己，他把帽子扔在地下，說道：「我只是用編織帽子這種方法來忘掉煩惱罷了。」諸葛亮說：「明公自己想想，你和曹操相比如何？」劉備說：「遠不如他。」諸葛亮說：「你所帶領的兵馬，只不過數千人而已，萬一曹兵到了，你拿什麼來迎敵呢？」劉備說：「我正在憂慮這件事情，只是還沒有想到好的辦法。」諸葛亮說道：「趕快去招募民兵，我自會訓練他們，日後可以用他們來抵擋敵軍。」於是，劉備就開始招募新野的百姓當兵，一下子就招募到了三千人。

面對自己的頂頭上司劉備，諸葛亮當然不能言辭激烈地批評，即使批評，也要講究方式。當諸葛亮看到劉備沉迷於瑣事、不事政務時，他覺得十分痛心，於是就批評了劉備，但這種批評不是直接的，而是很委婉地暗示劉備：你的表現使我們這些下屬看著寒心。而劉備也很快改正錯誤，接受了諸葛亮的意見，招募民兵，做長遠打算。

先看一個典型的例子。

春秋時期，秦國準備襲擊鄭國，當軍隊行至半路時，這個消息卻被鄭國的商人弦高知道了。弦高原打算到周圍國家去做生意，然而他不忍自己的國家蒙受損失，出於一腔愛國熱忱，他便打算冒險去勸說秦軍主將改變主意。

弦高明白，如果以硬對硬地勸說，肯定會適得其反。這次外出經商他正好帶了數千張熟牛皮，還趕了數百頭牛，於是他臨時改變了主意，決定將自己的貨物作為禮物犒賞秦軍，以求減緩秦軍向鄭國進軍的速度。同時，他還派自己的心腹快馬加鞭回國送信。在見到秦軍主將時，弦高故作恭敬地說：「我國國君聽說您將行軍經過敝國，早已準備好糧草招待，還特地派我來犒勞您的隨從。」

秦軍主將一聽這話，以為鄭國已對他們有所防備，認為鄭國不易攻取，便取消了襲擊鄭國的念頭。

弦高對秦國的「犒勞」收到了最佳效果，未動一兵一卒，就保全了自己的國家。

另外，人與人之間應以和爲貴，如果處處把好話都當作惡話說，即便不至於導致事業失敗，至少也會給人留下不好的印象。假如你面對的是你的頂頭上司，或是與你的事業興衰成敗密切相關的人，那與他們說話時你就更應該講究說話的分寸。

春秋時，齊景公的一匹愛馬突然死去，齊景公非常傷心，一定要殺掉餵馬的馬夫以解心頭之恨。眾位大臣一起勸阻齊景公，萬不可為一匹馬而濫殺無辜，然而齊景公卻鐵了心，說什麼也不聽勸告。

這時，相國晏嬰走了出來，眾臣都以為晏嬰也是來勸阻齊景公的，然而誰也沒有料到，晏嬰卻明確地表態說：「這個可惡的馬夫，該殺！」

齊景公十分高興，就把那個滿腹冤屈的馬夫叫來，聽晏嬰解釋他的罪過。

晏嬰歷數馬夫的三大罪狀：「你不認真飼馬，讓馬突然死去，這是第一條死罪；你讓馬突然死去，卻又惹惱君主，使君主不得不處死你，這是第二條死罪。」

聽了晏嬰痛說馬夫的前兩條死罪，齊景公心裡非常開心。然而晏嬰話鋒一轉，說出了馬夫的第三條死罪：「你觸怒國君因一匹馬殺死你，使天下人都知道我們的國君愛馬勝於愛人。因此，天下人都會看不起我們的國家，這更是死罪中的死罪，罪不可赦！」

剛聽到第三條罪狀，齊景公還連連點頭，然而當晏嬰提及「使天下人都知道我們國君愛馬勝過愛人」時，他的臉上也是一陣紅一陣白。晏嬰又故意吆喝一聲：「來人，還不按大王的意思推出去斬了！」這時，齊景公才如夢初醒，趕緊對晏嬰說道：「相國息怒，寡人知錯了。」

晏嬰沒有正面批評齊景公，卻也達到了勸諫救人的目的。可見，「綿裡藏針」法的確效果非凡。「綿裡藏針」法的運用，跟餵小孩子吃苦藥的道理一樣，要用糖衣包著藥片，或者就著糖水送服。

在類似的場合中，一方面，該說的話不能不說，根本利益不能犧牲，原則不可放棄；但另一方面，關係又不可弄僵，彼此的面子與和氣不能傷害。所以，就需要我們首先要承認對手的實力、地位、權力，甚至他的「道理」，然後突然插入自己的話鋒。我們的話雖委婉動聽，實際上卻是對對手徹底的否定。這種「綿裡藏針」法比直來直去地否定他人效果要好得多。當然，這也需要使用此法的人有更高的修養與智慧才行。

3 不慎失言，及時彌補

在生活中，我們常常會有說錯話或出現口誤的時候。那麼，在不慎失言的情況下，如何及時彌補呢？這時候，你需要做的是不失常態、恰當地補救，而不是手足無措，或者繼續錯下去。

首先來看看諸葛亮是怎麼彌補的。

諸葛亮在調兵遣將中故意閒置老將趙雲，趙雲不服氣，大聲說道：「雖然我年紀大了，但我還有戰國名將廉頗的勇猛。古人尚且不服老，為什麼你不用我呢？」

諸葛亮答道：「自從平定南方回來以後，馬超就因病逝世了。我感到非常惋惜，就好像折去了我的一條胳膊一樣。現在將軍你的年紀已經很老了，若稍有差錯，便會毀了你的一世英名，同時也會挫傷我們蜀國部隊的銳氣。」

趙雲大聲說道：「我自從追隨先帝以來，碰到戰鬥時從來沒有後退過，總是衝在部隊的最前面。大丈夫能戰死在疆場之上是一種榮幸，我又有什麼遺憾的？我願意繼續擔當先鋒一職！」接著又說道：「如果不讓我當先鋒，我就一頭撞死在台階之上！」

諸葛亮答應了趙雲，讓他擔任先鋒。結果趙雲果然作戰勇猛，屢立戰功。

諸葛亮一時失言，說趙雲年紀大了，稍有差錯便會毀了一世英名，殊不知，武將最怕聽到這樣的話，於是趙雲一急就說出了極端的話。這時的諸葛亮也意識到了自己的失言，好在他反應得快，進行了積極的彌補，在答應趙雲要求的同時，還做了穩妥的佈置，從而安慰了趙雲，不使其因與自己賭氣而做出極端的事來。

那麼，在發現自己失言時，該如何及時彌補呢？以下幾種技巧可供大家參考：

・及時改口

①移植法。就是把錯誤移植到他人頭上。比如可以說，「這是某些人的觀點，我認爲正確的說法應該是……」這就巧妙地把自己已出口的某句錯誤糾正過來了。

②引申法。迅速將錯誤引開，避免在錯中糾纏。就是接著那句說錯的話之後說「然而正確說法應該是……」，或者說「我剛才那句話還應作如下補充……」，這樣就可以將錯話抹掉。

③改義法。當意識到自己講了錯話時，乾脆重複肯定，將錯就錯，然後巧妙地改變錯話的含義，將明顯的錯誤變成正確的說法。

·顧左右而言他

某班級的學生在高考中，數學和外語成績突出。校長在總結會上這樣說：「數學考得好，是老師教得好；外語考得好，是學生基礎好。」

在座老師聽罷沸沸揚揚，都認為校長的說法有失公正。一位老師起身反駁道：「同一個班級，師生條件基本相同。相同的條件產生了相同的結果，原是很自然的事。原有的基礎與之後的提高，相互之間有聯繫，不能希望某學生某一學科基礎差，反而能提高得快，也不能希望學生某一學科基礎好，不需要良好的教學就能提高。校長對待老師的勞動不能一視同仁，將不利於團結，不能調動廣大老師的積極性。」

會場有人輕輕鼓掌，然後一陣沉默。而沉默似乎比掌聲更有壓力和挑戰意味。校長沒有發怒，反而笑了起來，他說：「大家都看到了吧，這位老師能言善辯，真是好口才。很好，很好！言者無罪，言者無罪。」

儘管別人都猜不透校長說這話的真實意思，然而卻不得不佩服他的應變能力。他為自己鋪了台階，而且下台階下得又快又好。聽了校長的回答後，無人再就此問題糾纏不休。

・借題發揮

有一次司馬昭與阮籍同上早朝，忽然有侍者跑來報告：「有人殺死了你母親！」放蕩不羈的阮籍不假思索道：「殺父親也就罷了，怎麼能殺母親呢？」此言一出，滿朝文武大臣皆譁然，認為他「有悖孝道」。阮籍也意識到自己失言，忙解釋說：「我的意思是說，禽獸才知其母而不知其父。殺父就如同禽獸一般，殺母呢？就連禽獸也不如了。」

一席話，竟使眾人無可反駁。其實，阮籍在失口之後，只是使用了一個比喻，就暗中更換了話題主旨，然後借題發揮一番，巧妙地平息了眾怒。

發現失言後，要及時想辦法彌補，或者道歉，或者將錯就錯，都能擺脫困境，使失言所帶來的負面影響大而化小，小而化了。這樣，才不會因爲一次失言而自設障礙，給自己帶來不必要的麻煩。

4 做一個勸導和說服的高手

說服人的最理想辦法是讓對方主動接受，然而對於一個具有獨立思維的個體來說，這並不是一件容易的事。但是，既然要說服對方，那就要讓對方心甘情願地接受你的觀點，而不是被動地接受。如果你能夠在說服的過程中，配合適當的技巧，讓對方變被動接受爲主動反思，這樣就會使說服過程變得容易得多。

周瑜在軍中去世以後，其部將都很想殺死諸葛亮，因為他們都認為是諸葛亮氣死了周瑜。就在這個時候，諸葛亮主動前往祭奠周瑜，以便平息眾將的怨氣，同時再去江南廣尋人才，為劉備效力。

當諸葛亮來到靈堂時，周瑜的部下殺機頓起，但看見趙雲佩劍站在一旁，又都不敢貿然下手。諸葛亮在周瑜的靈前讀祭文：「嗚呼公瑾，不幸夭亡！……從此天下更無知音！嗚呼痛哉！伏惟尚饗。」諸葛亮讀完以後，就伏在地上放聲大哭，眼淚流得像泉水一樣，表情十分悲痛。周瑜的部將互相說道：「人都說諸葛亮與周瑜不和，現在看來，旁人說的都是假的。」魯肅見諸葛亮如此傷心，也頗為感動，私下裡認為諸葛亮還是很講情義的，周瑜之死只是因為他自己氣量窄小，怨不得諸葛亮。

諸葛亮這一招看似行險，隻身赴吳營，又是在周瑜剛逝世的敏感時期，其實不然。諸葛亮之所以敢這麼做，是因爲他有所倚仗，那就是自己的口才。諸葛亮對於自己的說服本領相當自信，如他所說：「周瑜在的時候我都不怕，如今周瑜都死了，我還怕什麼？」頑固如周瑜者，都曾被諸葛亮說服過，何況那些普通將軍呢？事實也確實如此。諸葛亮的一篇祭文讀下來，顯得情真意切，連那些東吳的將軍們都開始反思：「周瑜之死是怪他自己，而非怪諸葛亮。」能達到這個目的，諸葛亮的口才又立了一功。

口才專家總結了許多讓別人主動接受說服的竅門，有些是很值得借鑒的，主要有以下幾點：

・以事喻理

用事實充實大道理，還可以避免說大話、空話，聯繫實際把道理講實。現在一些大道理之所以讓人聽不進去，主要就在於講得虛。

・以小見大

思想是有差別、有層次的，講道理也應有層次。缺少層次，一下跨越幾個台階，會讓人感覺道理離自己很遠，接受不了。講道理者應在小事中寓含大道理。

・反詰設問

把大道理分解成若干個小問題，用設問的方式提出。一則引發興趣，啓發大家共同思考；二則創造一種平等和諧的氣氛，使人覺得不是在灌輸大道理，而是在共同探討問題。這種方法，變聽爲想，變被動接受爲主動反思，在拋磚引玉、換位思考中，讓「繫鈴」人自己「解鈴」。

・迂迴引導

正面一時講不通，不妨搞些「旁敲側擊」。講大道理很重要的一點是要學會剝絲抽繭，逐步引導，層層深入，最後將大家的思想統一昇華到一個新高度。有時也可借題發揮，講出「醉翁之意不在酒」的道理。這樣可以避免把講道理變成簡單的演繹論證，使教育對象易於接受。

．理在情中

有時在講大道理時，教育對象並非對道理本身不接受，而是與講道理的人感情上合不來。這時，講道理的人要善於聯絡感情，注意反省自己有無令對方反感的地方，及時克服和糾正。尤其當對方抵觸情緒較大時，首先要以誠相待，要在理解、尊重、關心的原則基礎上講道理。

．巧用名言

一句富有哲理的名人格言可以發人深省，給人以啓迪。現在有不少青年人對名人名言有崇拜感。把大道理與名人名言巧妙地結合在一起，可以把大道理講得耐人尋味，富有吸引力。

．談心滲透

「大鍋飯不覺香」，在課堂和公共場合上講大道理，有些人因受當時環境氣氛的影響，可能聽不進去。出現這種現象，就需要講道理者「開小灶」，選擇一個恰當的場合，與對方真誠、平等地交流。

・語言感染

以適應對方的「口味」爲出發點，充分發揮口語的魅力，把道理講得有聲有色、生動活潑。美妙的語言是大道理磁石般的外殼，它能吸引聽眾去深入理解「內核」。要做到這一點，首先要樹立自信心，相信正確道理的威力；其次要注意語言的訓練，努力提高表達的技巧。

・點到為止

話講得囉唆會讓人厭煩，聽不進去。有些人生怕人家聽不懂，總是翻來覆去地講一個道理，結果適得其反。應視情況因人而異，根據實際把握要講的內容，該講的一定要點到，同時又要注意留下充分的思考時間，讓對方去領悟、消化。

・言行結合

有時對方之所以不服，很重要的一條原因是講道理的人自己做得不好。「做」得好才能贏得「講」的資格。把單純地講道理變成付諸行動的邊講邊做，讓人在觀察中信服，自覺地接受大道理。只有這樣，才能收到「此時無聲勝有聲」的最佳效果。

5 一語驚醒「夢中人」

固執的人總是堅持自己的錯誤，抗拒別人的規勸。因此，如何說話才能讓他們願意傾聽，而不至於招致他們反感，是一個比較棘手的問題。既是難題，如果你能把它順利解決，就能顯示出你的與眾不同。那麼，該如何做呢？先讓我們看看諸葛亮是怎麼做的吧。

在北伐魏國時，諸葛亮把魏延派作先鋒，卻不加重用。魏延對自己沒有任務頗有怨言。

魏延問道：「我既然作為先鋒，按理說應該衝鋒在前，進攻敵人才對，為什麼反而讓我閒居一旁，無所事事？」諸葛亮說道：「衝在前面去進攻敵人的，是那些偏將們的事情。現在讓你負責接應街亭這個戰略要地，守在陽平關的主要通道上，同時負責防守漢中這個重要的地方，這是更重大的任務，怎麼能說是讓你閒居一旁，無所事事呢？你不要拿這個任務不當回事，千萬不要耽誤了我軍的大事。你務必要小心謹慎，不可以大意！」魏延一聽自己有這樣重要的任務，非常高興。

起初，魏延是帶著滿腹怨氣來見諸葛亮的，他認為諸葛亮對他有意見，以一個閒職來敷衍他。諸葛亮針對他的怨氣，進行了解釋，明確地告訴他任務的重要性。魏延這才不再堅持自己的錯誤理解，高高興興地接受了任務。

其實，勸解這樣的人的方法有多種，就看你怎麼用了。

・迷惑對方，迂迴出擊

靖郭君是戰國時期齊國的貴族，很受齊王重用，在國內也很有權勢。後來，他與齊王有了矛盾，擔心有朝一日會與齊王鬧翻，便打算在自己的封邑四周築起城牆，以防不測。這一舉措顯然是不明智的，以一個家族的力量與強大的齊王相抗衡，無異於以卵擊石。築起的高高城牆，不僅擋不住齊王，反而會使雙方的關係進一步惡化。因此，門客們紛紛勸阻靖郭君，無奈靖郭君非常固執，不但不聽，還下令守門人不得為說客通報。

正當眾人束手無策時，一個齊國人自告奮勇，上門求見，他向靖郭君保證見面時只說三個字。因他許諾的條件十分奇特，靖郭君最後總算同意見他。進門之後，這個齊國人十分嚴肅地凝視著靖郭君，看了很長時間，然後緩緩地吐出三個字：

「海大魚。」說完，轉身就走。

靖郭君聽了大惑不解，忙叫住他追問，那人卻不肯多說，直到靖郭君聲明前面的約定作廢，他才進一步解釋：「您沒有看見海裡的大魚嗎？何其逍遙自在！魚網撈不起牠，魚鉤釣不住牠。然而，一旦離開大海，在海灘上擱了淺，就連小小的螻蟻也能群起而攻之，把牠當作口中之食。如今，齊國就是您的大海，有齊王的寵信，您還用築城牆？而若失去齊王的支持，即使把城牆築得再高，又有何用？」

靖郭君聽後恍然大悟，就此放棄了築城牆的計畫。

故事中的說客首先用「海、大、魚」三個字激起靖郭君的好奇心。按照常理，談話時的話語應圍繞特定的話題展開，然「海大魚」三個字，從字面上看，和當時雙方共同關心的話題——築城牆沒有絲毫聯繫。這樣一番莫名其妙的話，使靖郭君的好奇心大增，主客之勢在這時發生了轉換。本來是靖郭君擺開架勢，嚴陣以待，準備拒諫。現在卻是他放下架子，好言安撫，虛心求教。儘管靖郭君有了求教的表示，但說客並不急於談論築城牆之事，因爲「築城牆」是一個敏感的話題，過早觸及說不定又會喚起靖郭君的戒備心理，使他重新回到原來那種封閉的狀態中去。所以，這位老練的說客在開始時仍是若即若離地說「海」和「大魚」的故事，直到他把「大魚」對「海」的依存關係表述清楚，並明晰地描述了魚在脫離大海後爲螻蟻所食的殘酷景象時，才畫龍點睛地道出寓言的真意所在。

・一針見血，切中要害

漢代有位著名丞相蕭何，有一次，他向漢高祖劉邦請求將上林苑的大片空地讓出去給百姓耕種。上林苑原是一處專供皇室成員遊玩嬉戲和打獵消遣的園林。劉邦一聽蕭何居然要縮減自己的園林，不禁勃然大怒，認為蕭何肯定是接受了百姓和商人的錢財，才公然替他們說話辦事。於是他下令廷尉將蕭何逮捕入獄。廷尉是專為皇帝辦案子的，只要皇帝認定某人有罪，廷尉就會不惜動用大刑讓犯人認罪，以討好皇上。因此，如果把蕭何交給廷尉審問，肯定會被屈打成招。可這時的劉邦非常固執，誰的規勸都聽不進去。

在這緊要關頭，有一位侍衛官上前說道：「陛下是否記得原來與項羽抗爭，以及後來黥布謀反，陛下親自帶兵東征的時候？那幾年，丞相駐守關中，關中百姓又非常愛戴丞相，如果丞相有利己之心，那麼關中就不會是陛下的了。丞相在那個時候都沒有為自己謀大利，難道還會在這個時候去貪百姓與商人的一點小利嗎？」

簡單的一席話，擊中了劉邦的要害，讓其深受觸動，也終於認識到自己的魯莽，對不起丞相的一片苦心。於是他立即下令赦免蕭何，官復原職。

執迷不悟的人，總會有或多或少的想法，特別是當心結打不開時，就不可能走出思想的誤區。這時，如果能一針見血地切中對方的要害，往往能起到醍醐灌頂之效。

第三章

行動前的思想術

凡事深思熟慮的人，無論做什麼事都會有比較理想的結果；而不習慣思考的人，其生活和事業很可能都以失敗告終。當我們的判斷因為感情的衝動失去理智時，冷靜下來之後就發現自己的愚蠢。因此，永遠不要不加思考就做出重大決策或採取行動。

1 思想有多遠，人就走多遠

「人無遠慮，必有近憂」。看得遠，看得透，不計私利，深謀遠慮，才能使事業一步步地發展起來。

劉備的前半生非常坎坷，自「桃園結義」後，由於缺乏切實可行的長久之計，他們總是東奔西跑，打到哪算哪，要麼寄劉焉、盧植、公孫瓚、陶謙、曹操、劉表等群雄籬下，要麼就是有了地方也守不住。陶謙讓徐州給劉備，劉備好不容易單幹一回，但沒多久便丟了這塊地盤。多少年來，劉備無地無兵，四處奔命，人生路上如履薄冰，連性命都險些被劉表的部下蔡瑁、張允所害。劉備前程渺茫，就是因為缺乏長遠的計畫。後來，諸葛亮出山，一個「隆中對」便使形勢立即好轉，這個「隆中對」即是遠謀。

諸葛亮認真地分析了敵、我、友、天、地、人各方形勢，「我方」占人和之利：劉備乃「帝室之胄，信義著於四海，總攬英雄，思賢若渴」，「皇叔」這面金字招牌和劉備的仁義形象是有利條件。但是，劉備手下將領只有關、張、趙，兵弱勢微，至今尚無自己的一塊根據地，這是不利條件。

諸葛亮和劉備制訂了「中興漢室」的最高奮鬥目標。但擋住劉備前進道路的有「四虎」——兩強兩弱。曹操、孫權乃強大的對手，劉表、劉璋是兩個相對弱小的對手。為了中興漢室，「四虎」當然都應當打敗，但與曹操、孫權之間你死我活的天下之爭，時機尚未成熟。要實現目標，首先要使自己強大起來，取荊州、益州之地才是上策。取了荊、益二州，就實現了中興漢室的近期目標——成就霸業。

為了實現遠謀，必須權衡利弊，不爭一時之快，不以近利而捨棄長遠的目標。該讓則讓，該軟則軟，該棄則棄。諸葛亮「華容放曹」，即為捨近利的遠謀。

赤壁周郎一把火，燒掉了曹操八十三萬軍馬，孫、劉聯軍取得決定性勝利。周瑜、諸葛亮從水、陸兩路出擊，設下重重埋伏。曹操的殘兵敗將走到哪裡，哪裡就有孫、劉聯軍的埋伏，一路上，曹操的兵將越來越少，且多數帶傷。行至華容道，曹軍「人皆饑倒，焦頭爛額者扶策而行，中箭著槍者勉強而走。衣甲濕透，個個不全，軍器旗幡，紛紛不整，號哭之聲，一路不絕」。

至此，曹操身邊只有三百名疲憊不堪的兵將，正是諸葛亮擒殺曹操根除後患的絕好機會。諸葛亮只要想除曹操，十拿九穩。但諸葛亮卻「派」第一號大將關羽把曹操放了。曹操回到許昌，如虎歸山。照諸葛亮解釋：「亮夜觀乾象，操賊未合身亡。」意思是說，天不滅曹，曹操命不該絕，我又奈何？其實是諸葛亮不滅曹，讓關雲長做了人情。諸葛亮爲何不滅曹？因爲滅曹會干擾總策劃，妨礙總目標的實現。

有人認爲，諸葛亮的總目標就是劉、曹、孫先三足鼎立，然後再尋機一統天下。滅了曹，少了最強的對手，劉、孫兩分天下，豈不比三分天下更進了一步，何樂而不爲呢？其實，滅了曹不但實現不了兩分天下，連三分天下也實現不了。

如果殺掉曹操，曹姓及夏侯姓的人勢必要報仇雪恨。曹操在大本營許昌、荊襄、合淝等地還有相當勢力。倘若點起幾十萬兵馬復仇，恐非難事。到那時，孫、劉聯軍再難演出「草船借箭」、「群英會」、「苦肉計」、「連環計」、「借東風」的精彩大戲了。放了曹操，他當然也要復仇，但餘悸未了，總得要停歇一段時間再戰。劉備和諸葛亮正好利用無戰事這段時間養精蓄銳，做好充分準備去實現自己的目標。

此外，如果殺掉曹操，除了劉備的大患，同時也除了孫權的大患，這樣，孫、劉兩家之間的大戰就會即刻到來。周瑜即使在曹操大軍壓境的最危險時刻，還念念不忘除掉劉備和諸葛亮。只要曹操一死，孫權、周瑜就會趁北方一時驚魂未定，立即毫無顧忌地進攻劉備的彈丸之地，這對在江南尚未立穩腳跟的劉備極爲不利。諸葛亮爲了保存、發展力量，必須維持三方相互制約的關係，盡可能延續孫、劉兩家的聯盟。

所以，爲了實現三分天下的目標，曹操是萬萬殺不得。諸葛亮不滅曹，不但是遠謀，而且產生了一舉數得的效果。

其一，樹立了自己的威望。如果諸葛亮明令放曹，劉、關、張和諸將都不會理解；如果諸葛亮不派人在華容道埋伏，又顯得失算，不能料事如神。於是諸葛亮派「重義」人物關羽去華容道，這就等於向天下表明：我算到了，只是由於關羽的「重義」才未果。這就給自己的形象增添了光彩。

其二，鞏固和加深了「人和」的局面。關羽放曹以後，諸葛亮與劉備二人合演了一場問斬與說情的戲給眾人看，這場戲顯示了劉備的統治地位，進一步加深了劉、關、張三人的兄弟情誼。

其三，制約了關羽。關羽這樣的人才，屬於有缺點的高才，駕馭得好，作用極大；駕馭得不好，也會犯下彌天大錯，誤了大事。此次，關羽放曹，自知有罪，「黃牌」在身，今後豈敢不謹慎。諸葛亮制約了關羽，同時就是制約了諸將。

其四，滅了曹操的氣焰。曹操三次大笑，引出了三支伏軍、三員猛將。此後，曹操再也笑不出來了。華容道上，曹操真正認識了諸葛亮，從此不敢輕舉妄動。赤壁之戰後的相當長時間內，劉、曹兩家無戰事，這就使劉備能集中力量從容取荊州、入成都。

其五，鞏固了孫、劉聯盟。在孫權眼裡，劉備和諸葛亮並非坐山觀虎鬥，而是盡心盡力地破曹。諸葛亮如果明令放曹，或根本不去截擊曹操，孫權馬上會懷疑劉備聯合自己的誠意，必然給兩家聯盟造成危機。

諸葛亮的「隆中對」和華容道放曹，充分體現了他爲實現總目標，不計較一時得失，深謀遠慮的戰略思想。

2 看待問題要全面

諸葛亮認爲：君子行事，無論大小，都要深思熟慮，著眼近處而作長遠的謀劃。人無長遠考慮，必有眼前憂患。君子處事常常要以自身和周圍的條件、環境做參考，思考問題不超出自己所處的地位和能力範圍。大事的發起很困難，小事的產生較容易。因此，要想獲得利益，必須先預想到危害；要想成功，就必須先想到可能的失敗。

建興二年，益州名士、主簿杜微因病請求歸鄉，諸葛亮給他寫了封信，希望他留下來繼續工作。信中，諸葛亮闡述了自己的施政要略：讓農民休養生息，發展農業生產；厲兵講武，訓練一支勇敢善戰的軍隊。

其實，蜀中的政治、經濟形勢還不錯，而魏吳相爭，也使蜀漢從戰火中暫時擺脫出來。如此境況下，諸葛亮還搶時間守關勸農、發展生產、整修武備，是為了蜀漢的未來著想。要實現一統天下的理想，少不得要打仗；要打勝仗，沒有軍隊、武器自是不行，沒有糧食更是白搭。

可見，處世行事，要從長計議，既能明察目前事態的變化，又能多爲未來想，多爲後果計，是十分要緊的事情。

明智之人常在事物略露端倪的時候就有所察覺，然後經過反覆思考、斟酌和研究，靜待事物的發展而相機行事。我們來看一個歷史故事。

在呂后設計害死了梁王彭越和楚王韓信後，與二人同稱「漢初三大名將」的淮南王英布無奈興兵反漢。劉邦向文武大臣詢問對策，夏侯嬰推薦了自己的門客薛公。

漢高祖問薛公：「英布曾是項羽的手下大將，能征慣戰，我想親率大軍去平叛，你看勝敗會如何？」

薛公答道：「陛下必勝無疑。」

漢高祖道：「何以見得？」

薛公答：「英布興兵反叛後，料到陛下肯定會去征討他，當然不會坐以待斃，所以有三種情況可供他選擇。」

漢高祖道：「先生請講。」

薛公道：「第一種情況，英布東取吳，西取楚，北並齊魯，將燕趙納入自己的勢力範圍，然後固守自己的地盤。這樣，陛下也奈何不了他，這是上策。」

漢高祖急忙問：「第二種情況會怎麼樣？」

「東取吳，西取楚，奪取韓、魏，保住敖倉的糧食，以重兵守衛成皋，斷絕入關之路。如果是這樣，誰勝誰負，只有天知道。」薛公侃侃而談，「這是第二種情況，乃為中策。」

漢高祖說：「先生既認為朕能獲勝，英布自然不會用此二策，那麼，下策該是怎樣？」

薛公不慌不忙地說：「東取吳，西取下蔡，將重兵置於淮南。我料英布必用此策——陛下長驅直入，定能大獲全勝。」

漢高祖面現悅色，道：「先生如何知道英布必用此下策呢？」

薛公道：「英布本是驪山的一個刑徒，雖有萬夫不當之勇，但目光短淺，只知道為一時的利害謀劃，所以我料到他必出此下策！」

漢高祖連連贊道：「好！好！英布的為人朕也並非不知，先生的話可謂一語中的！朕封你為千戶侯！」

「謝陛下。」薛公慌忙跪下謝恩。

漢高祖封薛公為千戶侯，又賞賜給薛公許多財物，然後於這一年親率大軍征討英布。

果然如薛公所料，英布在叛漢之後，首先興兵擊敗受封於吳地的荊王劉賈，後又打敗了楚王劉爭，把軍隊佈防在淮南一帶。

漢高祖劉邦戎馬一生，南征北戰，也深諳用兵之道。雙方的軍隊在蘄西相遇後，劉邦見英布的軍隊氣勢很盛，於是採取了堅守不戰的策略，待英布的軍隊疲憊之後，金鼓齊鳴，揮師急進，殺得英布落荒而逃。

英布逃到江南後，被長沙王吳芮的兒子設計殺死。英布叛亂最終以失敗告終。

智士英雄謀大事、繪宏圖、打江山、坐天下，要周密地思慮，長遠地計畫；動一念、謀一事也當深思遠慮，縱觀全域，切不可鼠目寸光，只盯住眼前的蠅頭小利而不顧將來的得失利弊。

3 未雨綢繆，認真做好每一件事

未雨綢繆，有備無患。這是一個非常簡單的道理，也是我們生活中不可或缺的原則。

實際上，在做每一件事情之前，如果我們已經預先將這件事情的準備工作全部做好了，那麼我們就不會因爲沒有準備充分而導致自亂陣腳，使事情無法掌控，最終以失敗而告終了。

對每一個人來說，唯有真正做到了未雨綢繆，才能夠真正地做到處變不驚、臨危不亂、胸有成竹、穩如泰山。諸葛亮就是這麼一個人，他的未雨綢繆是我們有目共睹的。

劉備猇亭兵敗後，陸遜引得勝之兵，往西追襲。距離夔關不遠，陸遜在馬上看見前面一陣殺氣沖天而起。於是他遂勒馬回顧衆將曰：「前面必有埋伏，三軍不可輕進。」即倒退十餘里，於地勢空闊處，排成陣勢，便差哨騎前去探視。回報並無軍隊屯在此。陸遜不信，下馬登高望之，殺氣復起。

陸遜見日將西沉，心中猶豫，令心腹人再往探看。回報說江邊只有亂石八九十堆，並無人馬。陸遜大疑，令尋土人問之。須臾有數人到。陸遜問曰：「何人將亂石作堆？如何亂石堆中有殺氣沖起？」土人曰：「此處地名魚腹浦。諸葛亮入川之時，驅兵到此，取石排成陣勢於沙灘之上。自此常常有氣如雲，從內而起。」

陸遜聽罷，上馬自來看石陣，但見四面八方，皆有門有戶。陸遜笑曰：「此乃惑人之術耳，有何益焉！」且看仔細。遂直入石陣觀看。部將曰：「日暮矣，請都督早回。」陸遜方欲出陣，忽然狂風大作，一時間飛沙走石，遮天蓋地。但見怪石嵯峨，槎丫似劍；橫沙立土，重疊如山；江聲浪湧，有如劍鼓之聲。陸遜大驚曰：「吾中諸葛之計也！」急欲回時，無路可出。正驚疑間，忽見一老人立於馬前，笑曰：「將軍欲出此陣乎？」陸遜曰：「願長者引出。」老人策杖徐徐而行，徑出石陣，並無所礙，送至山坡之上。

陸遜問曰：「長者何人？」老人答曰：「老夫乃諸葛孔明之岳父黃承彥也。昔小婿入川之時，於此布下石陣，名『八陣圖』。每日每時，變化無端，可比十萬精兵。臨去之時，曾吩咐老夫道：『後有東吳大將迷於陣中，莫要引他出來。』老夫適於山岩之上，見將軍從死門而入，料想不識此陣，必為所迷。老夫平生好善，不忍將軍陷沒於此，故特自生門引出也。」陸遜慌忙下馬，拜謝而回。

陸遜回寨，歎曰：「孔明真『臥龍』也！吾不能及！」於是下令班師。

正是諸葛亮未雨綢繆，在入川前就布好了八陣圖，才有效地阻擊了陸遜對劉備的追殺，爲蜀國保存了力量。諸葛亮是出於對全域的考慮，爲了防患於未然，才主動佈置的八陣圖。

如果我們每一個人都能像諸葛亮那樣居安思危，爲各種可能發生的事情做好充分的準備，我們必將獲得成功！因此，請從現在開始要求自己，做像諸葛亮一樣的智者，未雨綢繆，自動自發地認真做好每一件事。只有這樣，才能夠使我們在生活中對各種各樣的事件進行最佳的控制。

4 三思而後行

人們必須養成「三思」的習慣，這是因爲問題的發生是由許多原因導致的，其背景複雜，單憑直覺很難得出正確的結論，往往需要一段時間的調查、分析和歸納，才能理出頭緒。因此，思維必須精細縝密，才能確保行動萬無一失。

關羽丟失荊州敗走麥城後，守城之兵僅剩三百餘人，糧草皆已耗盡，他們只好突圍去益州，作東山再起的打算。包圍麥城的呂蒙讓開北門，預先在通往益州的小路上設下了埋伏。這一陰謀被關羽的部屬王甫識破，王甫說：「小路有埋伏，可走大路。」關羽竟說：「雖有埋伏，吾何懼哉！」遂不聽王甫之言，堅持走小路突圍。

這一決策犯了大錯誤：一是東吳擁有絕對優勢的兵力，用於埋伏的兵馬成千上萬，關羽僅帶兩百人突圍，無異於以卵擊石。二是東吳兵馬以逸待勞，戰鬥力極強，而跟隨關羽突圍的殘軍，儘管忠勇，終因日夜守備麥城而疲憊不堪，早已無法發揮出以一當十的戰鬥力。三是關羽本人縱有萬夫不當之勇，也因連日守城疲憊，更兼前不久右臂受過箭傷，終究不如往日英武。

因此，關羽走小路突圍的決策，實在是冒險的舉動。結果，他們出城進入吳兵的埋伏圈後，跟隨的軍士漸漸稀少，關羽本人的力氣也愈發不濟，最後，其座下的赤兔馬被吳軍的絆馬索絆倒，素有「萬人敵」之稱的關羽被擒，拒不投降後引頸就戮。

一個人無論做什麼事都要三思而後行，否則會出現不堪設想的後果。

當你覺得自己的判斷並不十分準確時，應寧可稍待些時日，多多斟酌一番，切勿草率從事。在等待的時日中，你也切勿憂慮傷感。你所應該做的第一件事，就是多搜集一些可以幫助你做決定的實際材料，多參考些先例。搜集的參考資料越多，你的決定也會越正確。

等到你對於那個問題完全瞭解，對於「決定」的後果，也有了充分的把握之後，不妨立刻做出決定，因爲這時的你的確已無所顧忌了。

然而，「三思而後行」不能作爲優柔寡斷的藉口，有時候有些事情必須做出果斷處理。所謂「當斷不斷反受其亂」，如果思慮過頭，進而猶豫不決、優柔寡斷就大錯特錯了。

莎士比亞的著作《哈姆雷特》則告訴了我們猶豫不決的後果。

哈姆雷特是丹麥國王的王子，他有魅力、好思索、接近人民、對人類抱有美好的希望。正當他在德國的威登堡大學學習時，國內傳來噩耗，他的父王突然慘死，叔叔克勞斯迪篡奪王位，母親改嫁克勞斯迪。父親的鬼魂把事情的經過告訴了哈姆雷特，讓他為自己報仇。哈姆雷特知道真相後，精神恍惚，他整天穿著黑色的喪服，一心想著復仇。但哈姆雷特一方面礙於母親的面子，一方面又不是十分確定父親鬼魂的話，因此他非常苦惱。一天，哈姆雷特無意中聽到了克勞斯迪的懺悔，哈姆雷特本可以殺死他。可又覺得懺悔中的人被殺後會進入天堂，結果罷手。克勞斯迪挑撥哈姆雷特的情人奧菲利婭的哥哥同哈姆雷特決鬥，並在暗中準備了毒劍和毒酒，哈姆雷特第一回合獲勝，克勞斯迪假意祝賀送上毒酒，但哈姆雷特沒喝。哈姆雷特第二回合獲勝，王后非常高興，端起原本準備給哈姆雷特的毒酒喝了下去。決鬥中，哈姆雷特中了對手的毒劍，但他奪過劍後又擊中了對方。王后中毒死去，奧菲利婭的哥哥也在生命的最後一刻揭露了克勞斯迪的陰謀。哈姆雷特使盡最後的一點力氣用手中的毒劍擊中了克勞斯迪，自己也毒發身亡。

哈姆雷特天性優柔寡斷，沒有把握住最好的機會，儘管最後殺死了仇人，但他的情人、母親和他自己也都被害死。先下手為強，後下手遭殃。該出手時沒有出手，才落得個如此結局。

機會是稍縱即逝的，猶豫不決的人很難抓住。把握好時機，在做好必要準備的時候果斷出手，先人一步，往往能夠獲得成功。如果缺乏勇敢追求的精神，機遇就可能與我們失之交臂。

第四章

依靠仁德橫掃千軍

為人之道，究竟在於什麼地方？說法、答案如樹葉一樣多，智者認為，「德」在於修身；愚者說，「德」在於得到。兩種不同的答案，說明了人生境界的不同。諸葛亮是一個牢記為人處世以德為主的人，為什麼？因為他懂得有德者才能贏得人們的認可。

1 唯賢唯德，能服於人

有人認為，在現在這個講究實效的社會裡，「仁德」會讓自己吃虧。其實，這是一種短視，真正有眼光、會辦事的人，總會把溫良、謙恭等美德作為自己的處世之道。

諸葛亮正心修身，故以能成其賢德。因成其賢德，故能統率百官，號令三軍，輔佐君王，治國安邦，平定天下。

成其賢德，乃是諸葛亮的內心自覺，是他對自我品質的要求，同時，也是他的遠大政治理想所必備的。在諸葛亮心中，自身與國家相關聯，道德與智慧相一致。

諸葛亮重德，在他的言論中，有許多關於德的論述。他總結歷史經驗說：「湯、武修德而王，桀、紂極暴而亡；昔在項羽，起不由德，雖處華夏，秉帝者之勢，卒就湯鑊，為後永戒。」

讓我們從諸葛亮的言、行、功業等方面去認識他的美德。

先看諸葛亮的言。

諸葛亮給我們留下的主要著作有《隆中對》、《出師表》、《正議》、《勸將士勤攻己闕教》、《與群下教》、《誡子書》、《兵要》、《兵法》、《軍令》，以及《便宜十六策》中的大部分。

《隆中對》議論風發，剖析精微，有理有據，不僅反映出他洞悉全國形勢的睿智，預測天下三分的政治軍事遠見，為以後劉備建立蜀漢政權，進一步實現全國統一，勾勒出一幅熠熠生輝的藍圖，而且也表現了他以天下為己任的濟世精神，也充滿了在政治上積極進取的自信心和非凡的勇氣。

《出師表》志盡文暢，述明素志，嚴輔後主，懇諫眾賢，受納雅言，善謀國事，乃是一篇對蜀漢方針政策具有指導意義的政治性論文。全篇之言，發自肺腑，為國為民的一片忠貞之心躍然紙上，深切感人。南宋文天祥《懷孔明》詩稱：「至今出師表，讀之淚沾胸。」一千多年來，這種為國為民的忠貞，不知激勵了多少仁人志士，為國家和民族的利益獻身。

十六國時期，西涼主李玄盛還把諸葛亮的《訓誡》抄寫給兒子們，教導他們說：「覽諸葛亮《訓厲》，……周（公）孔（子）之教盡在其中矣。為國足以致安，立身足以成名，質略易通，寓目則了，雖言發往人，道師於此。」這反映出諸葛亮的《訓誡》對修身治國的指導作用。

諸葛亮的《正議》，是在劉備初亡，蜀國處於危難時期，一些魏國元老重臣勸蜀漢降魏稱臣的條件下寫的。文章正氣凜然地駁斥魏國眾臣擁曹篡漢，起不由德，不得人心，並表示自己忠於蜀漢，必定要完成統一大業的堅定意志，反映了他威武不屈的高貴品質。

此外，如《與群下教》中的「集眾思，廣忠益」；《誡子書》中的「靜以修身，儉以養德，非淡泊無以明志，非寧靜無以致遠」，等等，這些名言都成爲後世人立身處世的不朽格言。

西晉陳壽評價諸葛亮說：「然其聲教遺言，皆經事綜物，公誠之心，形於文墨，足以知其人之意理，而有補於當世。」西晉人張輔也說：「觀其（指諸葛亮）遺文，謀謨弘遠，雅規恢廓。己有功則讓於下，下有闕則躬自咎。見善則遷，納諫則改，故聲烈震於遐邇也。」陳壽、張輔二人都指出，諸葛亮的著作不但在蜀國大政方針上具有重大價值，而且也反映出他的崇高品德及對後人的深刻影響。

綜觀諸葛亮的宏文雅論，包含著正心、立身、待人、治國、治軍、用兵的豐富而深邃的內涵，其中感人至深者，莫過於他對國家、對君主、對同僚、對下屬、對百姓、對家人所表現出的那種濃厚的人情味和博大的愛心，給人們心靈深處極大的撞擊和感召力。

再看諸葛亮的行。

諸葛亮一生，曾在山中躬耕隱居，曾追隨劉備東征西討，曾受遺命輔佐弱主，曾為理想五次北伐，而每一個重大事件，都表現出他崇高的品德和人格魅力。

諸葛亮青年時期，曾在山中隱居。他置與劉表之間的親戚關係於不顧，不在其政權內出仕任職；他視好友徐庶北上於無睹，不為狹隘的功名利祿所動；他聲稱自己「苟全性命於亂世，不求聞達於諸侯」。然而他並非真的隱士，在那高逸超脫的出世假像背後，跳動著的是一顆憂國憂民的入世之心，有著一個匡世濟民的人生價值取向。諸葛亮的入世態度，從他自比管仲、樂毅中可以證明。面對軍閥混戰、動亂不已、生靈塗炭、民不聊生的黑暗現實，諸葛亮並不想躬耕於世外桃源，並不想終老於山林幽谷，而是希望能像當年的管仲輔佐齊桓公那樣，成就一代霸業；像樂穀破齊興燕那樣，興復漢室。諸葛亮的入世態度，從他的《隆中對》中也可證明。《隆中對》是對天下大勢廣泛深入瞭解的產物，是對各種資訊不斷研究、分析、綜合的結果。《隆中對》中集諸葛亮二十餘年之學識，十數年之經驗積累，數年之潛心研究之大成，絕非一朝一夕所能完成。若不是「身居壟畝心懷天下」，怎能夠提出此千古名對？

但是，諸葛亮的入世又絕非一般人所能比擬的，他的標準很高。他不像好友石廣元、徐元直、孟公威那樣，只想發揮個人的才幹，追求個人的前途，建立個人的功業，而是審時度勢，等待機遇，有朝一日實現自己統帥三軍，北定中原，庶竭駑鈍，攘除奸凶，興復漢室的理想，他希望那時能出現一種天下民眾簞食壺漿相迎的場面，實際上是體現了天下歸仁的理想追求。這種個人修養的高度和功業觀，遠非一般人可及。

從建安十二年起，諸葛亮就開始加入劉備集團。諸葛亮認識劉備之初，劉備既非據有州郡的霸主，亦非千軍萬馬的統帥，而是一個亡命於行旅之間的落魄英雄。而諸葛亮卻偏偏選中了他，並且從此以後親若魚水，彼此不分。

究其原因，一是看中劉備面對漢室傾頹、奸臣竊命時，求信義於天下的政治抱負，二是看中他求賢若渴的人才觀念，三是看中他身上種種符合儒家道德觀念的品質。按照曹操的話來說，劉備是當時天下唯一可與之共稱英雄的人。但這兩位英雄，在道德品質上卻形同水火。曹操急，劉備寬；曹操暴，劉備仁；曹操譎，劉備忠。劉備臨終時，把「勿以惡小而為之，勿以善小而不為。唯賢唯德，能服於人」作為遺囑留給劉禪，也體現了他一生立身行事的準則。可以說，諸葛亮選中劉備作為自己的輔佐對象，道德品質的相同是一個很重要的原因。

諸葛亮的功與德，體現了他作爲政治家的高瞻遠矚，以天下爲己任的品性。無論是古代還是當前，心懷叵測、手段卑劣的人，雖有時候能獲取蠅頭小利，但畢竟不會長遠。一個人只有做到內心仁德平和，行爲光明正大，才能夠成就大事、行之久遠，這才是正確的做人途徑。

2 —「空頭支票」開不得—

做人做事時，一定要讓你的信用代表你，讓你的名字走進每一個與你打過交道的人心中，要使對方信賴你，覺得你是個可靠的人。

「敦厚之人，始可托大事。」一個人如果不夠誠實，不講信譽，往往會在政治上成爲兩面派，在社會上成爲圖利棄友的市儈小人，這樣的人是沒有朋友的。交友如果不交心，一切都不會長久。人與人之間需要以誠相待，以信相交。真正的大丈夫要言而有信，誠實可靠；在與朋友的交往中，要言行一致，信守諾言。

孔子經常教育他的學生要「言必信，行必果」，就是要求他們說話一定要算數，說到做到；辦事一定要果斷，不能猶豫不決。曾子把孔子的話牢記在心，每天晚上睡覺前，他都要進行反省：「給人家辦事，我做到誠心盡力了嗎？對待朋友，我有沒有不誠實，不守信用的地方呢？老師的教誨我認真複習過了嗎？」日復一日，年復一年，曾子一直這樣嚴格地要求自己。

諸葛亮四次兵出祁山以後，深知北伐中原不易，非一朝一夕之事，而是長久之計。於是，他聽從了長史楊儀之計，採取了分兵輪戰的策略。所謂分兵輪戰，即把軍隊分為兩批，一批在前方，一批在後方，以百日為期限，循環出戰。這樣做，使前方的兵力不至於太疲勞，能發揮旺盛的戰鬥力，然後徐徐前進，以圖中原。

諸葛亮五出祁山時，蜀、魏兩軍相持在鹵城一帶。正巧，百日期限已到，諸葛亮令新老兩批軍隊互換，前方的蜀軍士兵接到此命令，各自收拾妥當準備起程回後方。就在此時，戰場風雲突變，魏國大將孫禮引西涼二十萬大軍來助司馬懿，孫禮進攻劍閣，司馬懿引兵攻打鹵城。在魏軍發起大規模進攻的危急時刻，蜀軍卻正要進行調防，新軍未到，老兵正準備啟程。在這危機時刻，連當初提出分兵換班建議的楊儀也力勸諸葛亮留下老兵退敵，等到新兵到後再讓老兵回去。

諸葛亮一向以信為本，他在蜀國能享有崇高的威望，並不是靠權勢、職務，而是靠取信於眾。諸葛亮說：「吾用兵命將，以信為本；既有令在先，豈可失信？且蜀兵應去者，皆準備歸計，其父母妻子倚扉而望；吾今便有大難，決不留他。」於是，命令本該換班的士兵即刻便走。

諸葛亮的嚴守信義使士兵極為感動，他們堅決要求留下來，一致表示：「丞相如此施恩於眾，我等願且不回，各舍一命，大殺魏兵，以報丞相。」諸葛亮堅持不依，仍讓士兵們回家，但大家堅持要出戰迎敵。於是，諸葛亮便讓士兵們出城安營，以逸待勞。結果，一方是遠道而來、人困馬乏的西涼軍隊，一方是摩拳擦掌、士氣高昂的蜀軍。西涼軍隊一路辛勞，剛想安營歇息，就被個個奮勇的蜀兵一擁而上，殺得屍橫遍野，血流成渠。

諸葛亮此戰以少勝多，靠的是將士們高昂的士氣，而這種士氣就來源於對將帥的信任。將帥的信義、信譽是激勵士兵的巨大力量。如果諸葛亮對士兵失信，硬逼著他們留下，士兵們可能會滿腹牢騷，精神頹喪，士氣大減，戰鬥力也會降低，用這樣的士兵打仗能打贏嗎？

諸葛亮以信義和智慧獲得了士兵的敬仰。他死後，蜀兵更衣發喪，揚幡舉哀，撞跌而哭，甚至有哭死者，哀聲震地。足見其信義的感召力之大。

守信是中華民族的光榮傳統，也是做人的本分。古今中外的賢者名家都對「信」做過精闢論述。

《論語》說：「人而無信，不知其可也。大車無輗，小車無軏，其何以行之哉？」一個人不講信用，是難以叫人相信的。大車小車，沒有了連接轅和橫木的銷釘，怎麼能走呢？而信義就是連接人生諸因素的銷釘。人若無信，其能力、才智、體魄均不能形成力量。

管仲曰：「言而不信，則民不附；行而賊暴，則天下怨。民不附，天下怨，此滅亡之所從生也。」說話不守信，百姓就不會信任和依賴；行為暴虐，則會招致百姓的怨恨。百姓不信任，天下怨恨，此乃國家滅亡的開始。一個國家如此，一個人也如此。

一些國外名人對信用分析得更是直截了當。美國前總統羅斯福說：「做一個有信義的人勝似做一個有名氣的人。」美國經濟學家克拉克說：「失去信用是一個人的最大損失。」英國詩人赫伯特則說：「人生在世，如失去信用，就如同行屍走肉。」

言必行，行必果，此舉是「信」。訂了合同就不可違約，許了願就應當兌現。否則，會使人們對合同效力產生懷疑，使從古羅馬以來就形成「契約神聖」、契約即是法律的觀念產生動搖。

信譽是一種道德，大到簽訂合同、制訂規章，小到一言一行，都應當體現一個「信」字。從一滴水可以看大海，從一言一行可以看一個人的信譽。在一些發達國家，一個沒有信用的企業或個人是無法生存的，只要你欠銀行的錢不按時還，你很快就會被評爲不講信譽的人，從此沒有人願意與你打交道。

講信譽的人有影響力、說服力和凝聚力。他們的信譽就是一筆可觀的財富，在身處困境時，信譽可以作爲人品的「保證金」、事業的「入場劵」，使你轉危爲安。

楚霸王項羽手下有一員大將季布，作戰驍勇，劉邦吃盡了他的苦頭。漢朝建立之後，劉邦馬上懸賞追捕季布，宣稱：任何人只要取得季布的頭顱，可換千金；如果誰藏匿季布，必誅殺全家。儘管如此嚴格，還是有人願意庇護季布，甚至冒死替他向劉邦講情。為什麼眾人在千金重賞之下還不出賣季布呢？只因為季布是一個講信用的君子。當時有一句俗話說：「得到黃金千兩，不如得到季布一句承諾。」可見守信是受人敬重的要素。後來，劉邦果然赦免了季布，並且還讓他當了官。由這件事情可以看出，信譽是無形的力量，也是無形的財富，不論我們做什麼事，最要緊的是要講信用。

德國詩人歌德曾說：「你若失去財富，你只失去了一點；你若失去了名譽，你就失去了很多。」

信譽是一種名譽。有信譽的人並不一定都擁有顯赫的社會地位，不一定都有驚天地泣鬼神的壯舉，也不一定擁有金錢和財富，但他們會贏得人們信賴和欽佩。

3 儉能持家，也能養德

「儉以養德」是為人處世之「心機」。不懂得「儉」字的人，不知道如何成功，任何成功的事業都在於點滴上的積累；不懂得「儉」字的人，只會喪失成功的機會，過分的驕奢多敗人品質。

諸葛亮六出祁山，病死在五丈原。為使蜀軍安全撤回漢中，楊儀、姜維等人依照諸葛亮遺囑，秘不發喪。大軍退軍後，方才更衣掛孝，揚幡舉哀。蜀國的士卒們在得知丞相已死後，「皆跌撞而哭，至有哭死者」。後主劉禪聞訊，大叫：「天喪我也！」哭倒於龍床之上。皇太后聽說亦放聲大哭不已，「多官無不哀慟，百姓人人涕泣」。

楊儀等人扶諸葛亮靈柩到成都，「後主引文武官僚，盡皆掛孝，出城二十里迎接，後主放聲大哭，上至公卿大夫，下及山林百姓，男女老幼，無不痛哭，哀聲震地」。

從東漢末年到西晉統一，先後出現過董卓、曹操、曹爽、司馬懿、司馬師、司馬昭、諸葛恪、孫峻等權臣，他們在東漢朝廷和魏、吳兩國分別握有朝政全權，可是這些人死後，都沒有出現諸葛亮死後那種感天動地的場面。究其原因，是這些權臣沒有或缺少諸葛亮那樣高尚的品德。就連曹操、司馬懿這兩個才智超群的人，在品德上也無法與諸葛亮相比。

諸葛亮一生出將入相，非常注重「正身」、「修德」。而廉潔奉公的作風，在諸葛亮的品德中佔有非常重要的位置，以下兩例足可說明。

其一，諸葛亮臨終前上表蜀後主：「臣家有桑八百株，田十五頃，子孫衣食，自有餘饒。至於臣在外任，隨身所需，悉仰於官，不別治產。臣死之日，不使內有餘帛，外有餘財，以負陛下也。」

其二，諸葛亮亡故，後主降旨下令擇地厚葬遺體。費禕告訴他：「丞相臨終，命葬於定軍山，不用牆垣磚石，亦不用一切祭物。」

諸葛亮的品格告訴我們，「公生明，廉生威」是一條永遠打不破的真理。

看慣了聲色犬馬的人終有一天會幡然悔悟，達到人生的又一境界，從無止境刺激的循環中退了出來，轉而尋求內心的平靜。其實，這也是一種欲望。所以說，欲望無時無刻不困擾著我們。但我們一定要在這無限度的欲望中保持一份清醒，養成一種節儉的品德，在茫茫人海找到自己的位置。

4　與人交往要講誠信

諸葛亮說：「靠權勢和金錢交的朋友，難以長久；靠真心、誠意結交的朋友，其友情就像常青樹一樣，四季不衰，『溫不增華，寒不改葉』。」

諸葛亮以忠貞之意、竭誠之心輔佐劉備，朝中能為君臣，朝外可為朋友，魚水交融，情同手足。如此，使他贏得了事業上的好搭檔。

諸葛亮對董和待以赤誠，所以，他與董和能互相補益，同心共事，成了「共爲歡交」的摯友。如此，使他贏得了事業上的好幫手。

諸葛亮對張飛、關羽、姜維等人奉以愛心，所以，他與他們能和睦相處，同舟共濟，真情至死不渝。

朋友之間，真誠是黏合劑，可把心與心貼近；真誠是橋樑，能使情與情溝通。無論在任何國家、任何民族，真誠都是人與人交往的前提。因此，爲人處世時要講誠信，做到不欺不詐，不背信棄義，這樣做人才能無愧於心。

偉人並不是一些特殊人物，他們的偉大只不過是相對而言的。但他們都是品格高尚、講究誠信的人，福克斯的父親就是最好的例證。

福克斯是美國歷史上著名的政治家，他以誠實和信用立身，贏得了別人的尊重，團結了許多公民。當時的政壇充滿了欺騙，公民對政治並不感興趣，他們認為政治就是撒謊，沒有人比政客更會撒謊了。因此，有許多公民對福克斯的演說持懷疑態度。

一次，福克斯受邀赴某大學演講，有大學生問他：「你在從政的道路上靠的是什麼？」

福克斯說：「誠實和信用，以及我高尚的人格魅力。」學生們在下面竊竊私語，有的還笑出聲來，因為幾乎每一個政客都是這麼說的。福克斯並沒有惱怒，他說：「孩子們，也許我很難證明自己是一個誠實的人，但你們應該相信，這個世界上還有誠信，它永遠都在我們的周圍。我想講一個故事，也許你們聽過就忘記了，但是這個故事對我很有意義。」

有一位父親是位紳士。有一天，他覺得園中的那座舊亭子應該拆了，於是就叫來了工人準備拆亭子。而他的孩子對拆亭子很感興趣，他對父親說：「爸爸，我想看看是怎麼拆掉這座舊亭子的，等我從寄宿學校回來再拆好嗎？」

父親答應了。孩子上學後，工人卻很快就把舊亭子拆了。孩子放假回來以後，發現亭子已經拆除，心中有些不悅。他對父親說：「爸爸，你騙了我。」

父親驚異地看著孩子。

孩子說：「你說過的，那座舊亭子要等我回來再拆的。」

父親說：「孩子，爸爸錯了，我應該實現自己的諾言。」父親很快又召集來工人，讓他們按照舊亭子的模樣重新在原地造了一座亭子。造好後，他叫來了孩子，對工人們說：「現在，你們可以拆掉這座亭子了。」

福克斯說：「我認識這位父親和他的孩子，這位父親並不富有，但他卻為孩子實現了自己的諾言。」

大學生問：「請問這位父親的名字叫什麼，我們希望認識他。」

福克斯說：「他已經過世了，但是他的兒子還活著。」

「那麼，他的孩子在哪裡？他應該是一個誠實的人。」大學生們問。

「他的孩子現在就站在這裡，就是我。」福克斯平靜地說，「我想說的是，我願意像我的父親一樣，用自己的諾言為你們拆一座亭子，做一個品格高尚的人。」

言畢，台下掌聲雷動。

福克斯的父親也許由於疏忽而忘記了答應兒子的事情，但是他緊接著認識到了自己所犯下的錯誤，並用行動彌補了自己的食言，這就是他誠信的體現。而福克斯正是在父親的影響下，成了一個正直的人。

每一種真正的美德，如勤勞、正直、自律、誠實等，都會自然而然地得到其他人的崇敬。具備這些美德的人值得人們信賴和學習，這也是自然的事情。在這個世界上，他們弘揚了正氣，他們的出現使世界變得更光明、更美好。

5 心靜似水，淡泊人生才高遠

在現代社會中，我們需要摒棄很多東西，金錢欲、升官欲、急功近利、不滿足的內心，等等。我們需要堅守自己內心那片唯一的淨土，不斷地追求自身的完善，追求人生境界的提升。如果不能將自己融入「靜」中，怎能夠反躬自省，不斷完善自己？

平常心與煩惱心之別何在？前者的重點在一個「淡」字，後者的重點在一個「亂」字。人的一生，處處都有風波險阻，時時都會遭遇功名利祿。立於這個複雜的社會之中，一旦有了淡泊之心，是非之心的存在感就弱了。

諸葛亮的座右銘是：「淡泊以明志，寧靜以致遠。」而他也確實做到了。

諸葛亮原本只求安心生活，「苟全性命於亂世，不求聞達於諸侯。」因爲受到劉備三顧茅廬之恩、白帝城托孤之重任，爲了漢室之興竭忠盡智，至死不渝，他是真正做到了「鞠躬盡瘁，死而後已」。他忠貞不貳，嘔心瀝血，直到臨死之時，還念念不忘劉備的江山社稷大業，爲的就是報答他的知遇之恩，實在可歌可泣！

中國有句古話說：「芝蘭生於深林，不以無人而不芳；君子修道立德，不爲窘困而改節。」淡泊作爲人生的一種從容之姿態，是對生命的珍視、對世事的釋然。淡泊是一種境界，是一種智慧，是一門哲學，更是一種隨遇而安的生活態度。它的表現不是聽從命運的擺佈，而是享受生命中的寧靜。

人生在世，多在爲生計奔波，爲生活所累。追名逐利並斤斤計較之人多過甘於寂寞且淡泊名利之人。但這不代表這世上無淡泊名利之人。

淡泊是一種水流淌而不擇其道的幸福，是一種樹任風擺的逍遙自在的幸福，是一種面對人生寵辱坦然處之的幸福。能夠擁有淡泊是一種享受。

讓我們先來看一個故事。

一個在美國留學的學生利用假日時間在華爾街附近的餐廳裡打零工，勤工儉學。一天，他滿懷信心地對餐廳的大廚說：「你等著看吧，我相信有一天，我會憑藉自己的能力打進華爾街的。」說完滿懷希望地看著大廚，似乎在等一個肯定的答案。

大廚抬頭看著年輕的留學生，好奇地問：「年輕人，你畢業後對人生有什麼打算嗎？」

留學生很流利地回答：「我希望學業結束後就能馬上進入一流的跨國企業工作，這樣不但可以擁有豐厚的收入，而且還會前途無量。」

大廚搖搖頭，不以為然地說：「我想你是沒有聽明白我的話，我不是問你的前途，我是問你將來的工作興趣和人生興趣，是一種自己內心真實的想法。」

留學生聽完大廚的話一時無語，他不懂大廚的意思。看著留學生略顯茫然的表情，大廚長歎道：「如果經濟再這樣繼續低迷下去，餐館生意不景氣，不能夠維持生活的時候，我就只好去做銀行家了。」說完，大廚一臉的惆悵。

大廚的話讓留學生目瞪口呆，他懷疑自己的耳朵出了毛病，他不相信眼前這個一身油煙味的廚師會跟華爾街的銀行家沾得上邊。

大廚對還在愣神的留學生解釋說：「我以前就在你嚮往的那條華爾街的一家銀行上班，每天都是披星戴月地忙碌，沒有一點自己的業餘生活。我一直都很喜歡烹飪，喜歡看著大家吃我做的菜而感到滿足的樣子，那會使我心花怒放。有一天，我在公司忙到凌晨一點多才弄完手頭的工作。當我啃著令人生厭的漢堡包充饑時，我決定辭職，我不要被這種機器般的工作狀態所束縛，我應該選擇我熱愛的烹飪事業。事實證明，我的選擇是對的，現在，我的生活比以前要愉快百倍。」

只有懂得享受生活的人才會擁有完美的人生，生活追求的是過程，而不是死板的結果。淡泊的人生是一種享受，人不需要擁有很多財富，也不需要成就多麼大的偉業，只要在一份平淡的生活中過得快樂自在，就是一種上乘的人生境界。淡泊就是一種生活的姿態。

第五章

捕捉生活中的每一個細節

人雖然沒有老鷹一樣銳利的眼睛，但最好也能一眼看破對方想什麼，不想什麼，這樣才不會失手，才能將事情做到點子上。對此，諸葛亮認為，知人要察性，看人要看本質。

1 做事要對症下藥

有一句關於爲人處世的經典說法：「見人說人話，見鬼說鬼話。」其實，這不完全是對圓融者的諷刺，它其實還說明了人際交往中的一種技巧，那就是做人要在不失原則的情況下適應別人的情趣或口味，如此才能受人歡迎，收穫好人緣。這方面，諸葛亮就運用得靈活巧妙。

在馬超攻打葭萌關的時候，諸葛亮本想讓張飛出戰，但當張飛主動請戰時，他卻又故意不讓張飛出戰，並對劉備說：「馬超智勇雙全，無人可敵，除非關雲長來，方可抵敵。」張飛一聽，大為不滿，說：「軍師為什麼小瞧我，我曾單獨抗拒曹操百萬大軍，難道現在還害怕馬超這個匹夫嗎？」

然而諸葛亮還是不讓張飛出戰，並說：「當陽之戰是因為曹操不知你的虛實。否則你怎能安然無事？如今馬超英勇無比，天下無人不知無人不曉。渭橋六戰，他把曹操殺得割鬚棄袍，差一點丟掉性命。他絕非等閒之輩，就是關雲長來也未必能戰勝他。」張飛聽了這話，大怒道：「我今天就去，戰勝不了馬超，甘當軍令！」

其實，這只是諸葛亮的「激將法」而已，並非張飛真的抵擋不了馬超。果然，張飛出戰後，同馬超戰了二百多個回合，雖未分勝敗，但已為諸葛亮收伏馬超立了頭功。

諸葛亮之所以要激怒張飛，就是因為張飛性格魯莽、脾氣暴躁，用寫軍令狀的辦法激發他的鬥志，以掃除他的輕敵思想。與此相反，諸葛亮對待關羽則是另一種做法。

當馬超歸降之後，關羽心高氣傲，提出非要與馬超比試一番不可。但此時雙方已是自家人，二虎相爭必有一傷。為了不傷和氣，諸葛亮專門給關羽寫了一封信說：「我聽說將軍想與馬超比武，依我看來大可不必，馬超雖英勇過人，但只能與翼德將軍並驅齊名，怎麼能與你『美髯公』相提並論呢？再說，將軍擔當鎮守荊州的重任，如你離開，荊州有失，就得不償失了，所以將軍還是不比為好。」

幾句話就把關羽說得很舒服，笑著說：「還是孔明瞭解我。」隨後，將書信傳給賓客們看，非常得意，也就打消了比武的念頭。

這就叫「對症下藥」，我們爲人處世都應該遵循這一原則，即不同人物不同對待，不同情況不同對待。正所謂「對什麼人說什麼話，到什麼山唱什麼歌」。

2 細微處識人，瞬間識破對方的內心

諸葛亮一生很少上當受騙，得助於他透過現象看本質的能耐。

司馬懿與諸葛亮戰於北原渭橋時，企圖以詐降的花招討諸葛亮的便宜，便遣派魏將鄭文領兵假意投降蜀軍，以做內應。

諸葛亮很謹慎，未敢輕信。於是派鄭文與魏將秦朗交戰，以觀其反應。諸葛亮果真明察秋毫，他從鄭文與魏將的交戰中，一下就看出了鄭文的「馬腳」，立刻斷定與鄭文交手的不是秦朗，而是司馬懿派來送死以取信蜀軍的「秦朗」。識破了詐降的詭計後，諸葛亮沒有立誅鄭文，而是將計就計，逼著鄭文給司馬懿寫了封信，終於引出司馬大軍，中了他設的埋伏，使得司馬懿大敗而回。

事後，蜀將樊建問諸葛亮道：「丞相何以知此人詐降？」

諸葛亮答道：「司馬懿不會輕易讓他的得力幹將秦朗來送死。司馬懿如果真的派秦朗為先鋒來與降將鄭文交戰，那這秦朗必定武藝高強；但鄭文交戰一回合，就殺了對方，可見這被殺的必不是秦朗。所以，我就判定鄭文投降是詐。」

諸葛亮能不爲鄭文投降的假像所迷惑，是因爲他頭腦清醒，善於觀察分析，從鄭文只一回合就輕易殺死對方這一蛛絲馬跡中看出鄭文是詐降的。

爲人應有諸葛亮這種見微知著的本事。如此，一切醜的、假的事物，無論僞裝得怎麼巧妙，最後也難以蒙蔽自己的雙眼。

人的心思總是顯現於他外在的表情、動作和言談之中。即使是極端型的面無表情者，其心理狀態也會表現在舉手投足之間。

我們都知道「諸葛亮智算華容道」的故事。

諸葛亮為什麼料定曹操一定走華容道呢？因為諸葛亮太瞭解曹操了。但若要曹操決定走華容道，還必須要在「華容小路高山之處，堆積柴草，放起一把火，引曹操來。」這是一個細節之處，如無此細節，曹操不一定會走華容道。當時的關羽還問諸葛亮道：「曹操望見煙，知有埋伏，如何肯來？」諸葛亮則笑著回答說：「豈不聞兵法『虛虛實實』之論？操雖能用兵，只此可以瞞過他。他見煙起，將謂虛張聲勢，必然投這條路來。」

果不其然，曹操在赤壁被打敗後倉皇逃命，行至華容，軍士稟曰：「前面有兩條路，請問丞相從哪條路去？」操問：「哪條路近？」軍士曰：「大路稍平，卻遠五十餘里。小路投華容道，卻近五十餘里；只是地窄路險，坑坎難行。」操令人上山觀望，回報：「小路山邊有數處煙起；大路並無動靜。」操命前軍便走華容道小路。諸將曰：「烽煙起處，必有軍馬，何故反走這條路？」操曰：「豈不聞兵書有云：『虛則實之，實則虛之。』諸葛亮多謀，故使人於山僻燒煙，使我軍不敢從這條山路走，他卻伏兵於大路等著。吾料已定，偏不教中他計！」諸將皆曰：「丞相妙算，人不可及。」遂勒兵走華容道。結果，諸葛亮用「反兵法」使曹操中了自己設好的圈套。

正是因為諸葛亮瞭解曹操熟知兵法、多謀善算的特點，才能夠算敵之算，因敵施謀，將兵力設伏於華容道，並故意暴露出此處有兵馬的狀況，使得曹操反以為假，誤入歧途。

一個看似很小的細節，往往對事情的進展起著關鍵性的作用。諸葛亮得有多麼瞭解曹操，才能夠準確猜到曹操的想法啊！一個小小的細節「堆積柴草，放起一把火」使諸葛亮的計畫獲得了成功。由此可見，生活中如果能及時看出他人的想法，這對我們做事來說無疑是事半功倍的。

以敏銳的觀察力和準確的判斷力看穿對方表面的慎重與矜持，這就是所謂的「好眼力」。識破他人的內心遠比瞭解一件物品的特性重要，這是人生中極爲微妙的事情。

魏文侯手下有員將領叫樂羊。有一次，樂羊領兵去攻打中山國。這時，恰好樂羊的兒子正在中山國，中山國王就把他兒子給煮了，還派人給樂羊送來一盆人肉湯。樂羊悲憤至極但毫不動搖，他竟坐在帳幕中喝乾了一盆用兒子的肉煮成的湯。

魏文侯知道後，對人誇獎說：「樂羊為了我，吃下了他親生兒子的肉，可見，他對我是何等忠誠啊！」有人回答說：「一個連兒子的肉都敢吃的人，這世上還有誰他不敢吃呢？」

樂羊打敗了中山國，凱旋歸來時，魏文侯獎賞了他的功勞。但是，從此以後，魏文侯總是時時懷疑他對自己的忠心。

魏文侯這樣做不無道理，樂羊的自制力過於驚人，非老謀深算之人不能爲之。旁人的說法更有道理，因爲一個人的行爲可以以小見大，有著驚人的內在一致性。

下面是幾種可以識透對方心理的有效技巧，我們不妨借鑒一下。

・堅持講完自己的話

如果與人交談時，對方表現出聞一知十的樣子，我們在心裡必須先存戒心。因爲對方對我們的個性和情緒毫無所知，但他們「聞一知十」的樣子大多表示他們不想傾聽我們說話，只是礙於禮儀或情面，不好直接表明。因此，如果話才說出，對方就頻頻點頭表示瞭解，我們不可自緘其口，而要堅持說完自己的話，讓對方「更加瞭解」。

・觀察對方內心的不安

通常，見面雙方都會以應有的禮儀待人，若是對方態度異常冷淡，正說明了其內心隱藏著不安，爲了掩飾自己，他們便採用了這種擾亂戰術。這時，我們千萬不要被對方的「假面具」嚇退，更要以冷靜的態度應付。

・「面無表情」的表情

「面無表情」的表情，正是人類內心的無言表達。當一個人強烈的欲望無法得到滿足，或心底充滿不爲人知的情感，不能直接表露而拚命壓抑時，就會變得「面無表情」。所以，在人們沒有表情的面孔下，並非內心毫無所感，只是不表現出來而已。

・對方突然多話時

人變得多話，並非是想表達自我，相反，想打斷或想結束某個話題時同樣如此。所以，當對方突然高談闊論起來時，我們應該仔細想想是否提到了對方不願意觸及的問題。話多並不代表能言善道，只不過是想掩藏自己的窘境罷了。

．對方把話題引開

對方將話題引開，大致上有三種情形：一是由於不留神而遠離話題了；二是突然產生了出乎意料的聯想；三則是故意將話題引到別處。這些情形都使說話者將目前的興趣和精力都轉向了引開的話題上。因此，一般對於對方的講話不要在中途截斷，而是讓對方繼續講一段時間。

．不妨閒話家常

有時候，完全脫離目的的閒談，爲我們提供了看清對方本意的線索。一旦對方加入了閒談之中，就表示他們已經接受了我們的態度。假設對方不參與閒談，那麼對於我們的引導，他必然會做出一些反應。之後可以再通過他們的這些反應，來決定自己是進是退，是否應該改變戰術。

．當受到誇獎時

事實上，別人誇獎的言辭和恭維話，並不都是值得高興的。一個人如果由於被別人稱讚而立刻興高采烈的話，肯定會被認爲是太簡單、太幼稚。然而，露骨地表示出猜疑心並冷漠應對，同樣也會破壞交際的氣氛。因此，最順當的方法是，先謙虛一番，然後繼續探索對方的真意，由此就能夠找出對方隱藏於讚賞言詞之下的實質，並且判斷出對方是否對我們懷有敵意或某種企圖。

3 從小事情中看出大問題

伏爾泰有一句名言說：「使人疲憊的不是遠處的高山，而是鞋子裡的一粒沙子。」很多時候，擊倒我們的不是大災難，而是一些日常的瑣碎小事。而當我們面對某些巨大挑戰時，往往會產生一種本能的、巨大的抗爭力量，反而容易獲得成功。

我們應該端正自己的態度，用心去做好工作中的每一件事，哪怕是小事。事實上，越是小事越是不容忽視，一些你認為微不足道的小事，往往會成為你工作中的困擾，讓你束手無策，它會不斷地消耗著你的精力，讓你無心再去做其他事情。

諸葛亮就是一個特別注重小事的人，他用行動向我們證明，小事亦不可忽略。

在西元二一九年，曹操與劉備展開了爭奪漢中的激烈戰爭。而讓諸葛亮智取漢中的關鍵，就是他做的一些小事。

當時，魏軍和蜀軍隔著一條河安營紮寨。諸葛亮在考察了地勢後，讓數百名士兵帶上戰鼓和號角，埋伏在河上游的山上。要他們以炮聲為號使勁敲鼓吹號。於是，或在黃昏，或在半夜，只要軍營裡炮聲轟鳴，這些士兵就拚命地擂鼓吹號。

而曹操在聽到從蜀營傳來鼓號聲時，就認為蜀軍要來劫營，然而當他出帳察看時，卻看不到一個蜀兵，於是他就回帳中休息。可過了一段時間，蜀營就又傳出炮聲和鼓號聲，曹操就又被驚動。就這樣一連折騰了三天三夜，弄得曹操心驚膽戰。為了避免被蜀軍偷襲，曹操只好把軍營從隱蔽的地方遷到了寬敞的地方。諸葛亮於是率大軍渡河背水設陣。曹操看到後，更是心疑。特別是在雙方交戰後，蜀兵故意沿路丟棄兵器。曹操的士兵一邊追，一邊爭搶兵器，最終導致一片混亂。曹操見狀，下令殺死了那些搶兵器的士兵，同時命軍隊撤退，而諸葛亮卻乘機指揮蜀軍追擊，魏軍大敗。

整場戰役，諸葛亮只做了一件小事情——讓士兵們以炮聲爲號敲鼓吹號，這就使得曹操暴露了自己，劉備集團因此輕而易舉地取得了漢中。由此可見，生活中的任何一件小事都是不容忽視的，尤其是對於自己承諾過的事情，即使再小，再有困難，也要說到做到，切不可因小失大，給人留下言而無信的不良印象。

因爲諸葛亮重視事情中的一個個小細節，所以他才能夠多次取得以少勝多的戰績。由此可見，戰場之上無小事。在多數情況下，一件看起來微不足道的小事，或者一個毫不起眼的變化，往往能夠改變一場戰爭的勝負。這個道理也完全適用於當下。因爲，在生活之中也是沒有小事的。這就要求我們每一個人，始終保持高度的注意力和責任心，要以清醒的頭腦和敏銳的判斷力來面對生活，能夠對生活中出現的每一個變化、每一件小事迅速地做出準確的反應和決斷。

也就是說，我們應該樹立「生活之中無小事」的觀念，用心對待工作。然而，在實際的生活中，總會有一些人會認爲，自己的一點小毛病無關痛癢，然而，你可曾想過，既然你是社會裡的一員，你的一舉一動就都代表著你所在社會的形象。如果你不注重生活中的細節的話，就可能使別人對你失望，從此對你失去信任。

古語有云：「千里之堤，潰於蟻穴。」忽略小事往往是我們失敗的最大禍根。因此，我們一定要戒除敷衍了事的毛病。獲得成功最好的方法，就是像諸葛亮一樣，把每一件小事都做得精益求精。

「處處留心皆學問，人情練達即文章。」一個成功者不但要關注大事，還要注意日常生活中的小事，留心觀察，並且能從小事中看出大問題。我們來看看發生在美國的一個故事。

有一天，一位女士突然取出了自己多年來在某家銀行的所有存款。幾天之後，這家銀行就宣佈破產了。很多人都十分納悶她為什麼有這種令人驚歎的先見之明。後來，這位女士告訴人們，她有一次與人打牌，這家銀行的總經理也在。她發現這位總經理服飾相當講究，甚至連指甲都經過精心修剪。她當即感到，自己的存款有化為烏有的危險，因為一個事業心很強的男人是不會花費如此多的精力和錢財來修飾指甲的。

這種以小見大的洞察能力，著實令人驚歎。我們再來看下面這個「一條資訊九百萬美元」的商戰故事。

美國某肉類加工公司的老闆和普通人一樣，習慣天天讀書看報。雖然他工作很忙，但每天來到辦公室後，秘書就會送來當天的各種報刊，他有時甚至能看一兩個小時。

一天上午，他像平時一樣閱讀當天的報紙，一條不顯眼的簡短消息吸引了他。短短的一百多個字，講的是墨西哥最近發現了疑似瘟疫的病例。就是這麼一條小資訊，卻讓他聯想到，如果墨西哥果真發生了瘟疫，那麼一定會從邊境傳到與墨西哥接壤的加州或德州，而加州和德州是美國肉類供應基地，倘若這裡發生了瘟疫，整個美國的肉類供應肯定會緊張起來，那麼肉價也會飛漲。

商人的本能使他進行了多方面的分析，於是，他決定派人到墨西哥去實地調查。幾天之後，調察組從墨西哥發回電報，證實那裡確實發生了瘟疫，而且蔓延得很快，到了難以控制的地步。這位商人接到電報後，立即集中籌措了大量資金去收購加州和德州的肉牛、生豬，運到離加州和德州較遠的東部飼養。果然不出他所料，瘟疫在兩個星期內就從墨西哥蔓延到了美國西部的幾個州，美國政府下令嚴禁從這幾個州外運食物，尤其是家畜。肉類供應基地的產品不能外運，美國市場上頓時肉類奇缺，價格暴漲。

此時，這位商人及時地把他囤積在東部的肉牛和生豬高價出售，在短短的幾個月時間裡，他淨賺了九百萬美元。

這位精明的商人善於從小事情上看出大問題，從卷帙浩繁的資訊海洋中捕捉有用的商機，這就是善於觀察的結果。

有位哲人說：「世界上並不是缺少美，而是缺少發現美的眼睛。」的確如此。善於觀察，從觀察中發現問題，找出辦法，並捕捉機會是人類具備的一種突出能力。只要我們善於觀察，並開動腦筋，一定會有很多驚喜的發現。

4 細節決定成敗

在忙碌的生活中，細節體現了一個人的修養。其實，成功者和失敗者之間並沒有很大的差異，失敗者之所以失敗，是因爲他們不能在細節上嚴格要求自己。

在《三國演義》的赤壁之戰中，孫劉兩家的勝利就足以證明這個道理。

就在孫劉決定聯合抗曹，諸葛亮和周瑜計畫用火攻之後，各方面都積極地行動了起來。經過了草船借箭、反間計、連環計、苦肉計等一系列的謀劃並實施之後，整個戰役的局勢開始向有利於孫劉聯軍的方面發展。

然而，在自負多才、年少氣盛的周瑜引眾將立於山頂觀察時，忽見曹軍寨中，被風吹折中央黃旗，飄入江中。瑜大笑曰：「此不祥之兆也！」忽狂風大作，江中波濤拍岸。一陣風過，刮起旗角於周瑜臉上拂過。瑜猛然想起一事在心，大叫一聲，往後便倒，口吐鮮血。諸將救起時，早已不省人事。

剛剛還年輕氣盛、躊躇滿志的周瑜，為何在「刮起旗角於臉上拂過」後便一病不起？諸葛亮自然明白這其中的緣由，注重細節的他只用十六個字就解開了其中的奧秘。

話說諸葛亮被請來為周瑜治病。諸葛亮曰：「連日不晤君顏，何期貴體不安？」瑜曰：「人有旦夕禍福，豈能自保？」諸葛亮笑曰：「天有不測風雲，人又豈能料乎？」瑜聞失色，乃作呻吟之聲。諸葛亮曰：「都贊心中似覺煩積否？」瑜曰：「然。」諸葛亮曰：「必須用涼藥以解之。」瑜曰：「已服良藥，全然無效。」孔明曰：「須先理其氣；氣若順，則呼吸之間，自然痊癒。」瑜料諸葛亮必知其意，乃以言挑之曰：「欲得順氣，當服何藥？」諸葛亮笑曰：「亮有一方，便教都督氣順。」瑜曰：「願先生賜教。」諸葛亮索紙筆，摒退左右，密書十六字曰：「欲破曹公，宜用火攻；萬事俱備，只欠東風。」

諸葛亮道出了周瑜的病源所在，並對周瑜說：「亮雖不才，曾遇異人，專授奇門遁甲之術，可以呼風喚雨。都督若要東南風時，可於南屏山建一台，名曰『七星壇』：高九尺，作三層，用一百二十人，手執旗幡圍繞。亮於台上作法，借三日三夜東南大風，助都督用兵，何如？」瑜曰：「休道三日三夜，只一夜大風，大事可成矣。只是事在目前，不可遲緩。」孔明曰：「十一月二十日甲子祭風，至二十二日丙寅風息，如何？」瑜聞言大喜，矍然而起。傳令差五百精壯軍士，往南屏山築壇；撥一百二十人，執旗守壇，聽候使令。哪裡還有生病的跡象？

是什麼讓年輕力壯的周瑜一病不起？是細節，這個細節決定著孫劉兩家能否在赤壁之戰中取勝。周瑜就是忽然想到了這個被自己忽視的細節，才一時急火攻心，病倒在床。由此可見，細節何等的重要！試想，如果不是諸葛亮提前想到了這個細節並根據季節等原因事先預知了天氣的變化，恐怕在赤壁之戰中，被火燒的就不是曹操，而是孫劉兩家了。他們將會因此而大傷元氣，一蹶不振，最終被曹操吞併。

雖說周瑜是《三國演義》中頂尖的智謀人物之一，但諸葛亮還是比他略高一籌。而諸葛亮之所以比周瑜高明，並不是說諸葛亮真的可以神機妙算，而是他習慣於注重細節。其實，在定下赤壁之戰的火攻計之前，諸葛亮早已想到了風向的問題。諸葛亮正是根據季候規律的變化，推斷出了那天要刮東南風，而並不是他在「七星壇」上祭來的。他之所以要設壇祭風，其實是他的一個計謀，他想以此迷惑周瑜，好方便保全自己，使自己有機會擺脫周瑜。如果他不如此安排的話，必將會落得一個被周瑜殺害的下場。

戰場上如此，生活中更是如此。成功人士不僅僅是在大事上有過人之處，他們更注重小事上的細節，往往是一個個細節，成就了他們大大的成功。因此，我們應該向諸葛亮學習，留心「小惡」與「小善」這樣的細節問題。有時候，你不經意間的一個小小的愛心就可能會改變你的命運，讓你獲得成功；但有時候，你也可能會因爲自己的一點小小的私心或貪欲而毀掉大好前程。記住，一個人只有心存善念，才會有善舉，才有可能成功地塑造自己。所以，一定要能夠在善惡之間，做出正確的選擇。

托爾斯泰說過：「一個人的價值不是以時間，而是以他的深度來衡量的。」在工作中能夠做好小事情、抓住細節是所有成功者的共同特點。擁有了注重細節的深度，你才能夠活出自身的價值，才能夠活出屬於自己的精彩人生。

《資治通鑑》裡有這樣一個故事：

> 一天，子思向衛侯推薦苟變。子思說：「苟變的才能是可以擔當大將的。」而衛侯卻說：「我知道其才可任大將，但他在擔任地方官時，曾經向老百姓索要過兩個雞蛋，因此我不會用他為將的。」

就是這麼一個小小的細節，讓苟變失去了一個很好的機會。由此可見，生活中的許多細節，在不經意間就會影響一個人事業的成敗。正所謂「成也細節，敗也細節」。

讓我們每一個人都從現在開始在思想上注重細節，在行爲上認真對待並把握好每一個細節吧。仔細觀察，用心做事，把做好小事、注重細節培養成自身的良好習慣。長此以往，我們必將收穫成功！

第六章

世上沒有成功的「獨行俠」

常言道：「三個臭皮匠，賽過諸葛亮。」合作已成為當今社會的必然要求，那種憑藉一己之力，靠單打獨鬥成事的個人英雄主義，已不能適應時代的步伐了，諸葛亮的成功就是他善於注重團結、謹慎協作的結果。

1 你好，我好，大家好

當今社會，人們都講求「雙贏」，即通過合作使雙方都有利可圖。其實，這種「雙贏」的思想在歷史上早就存在了。

三國時，劉備在猇亭戰敗，退到了白帝城暫時駐紮下來，不久，他就因憂憤悔恨而病倒。在病勢沉重之際，劉備派人去成都，把丞相諸葛亮等人請到白帝城來安排後事。劉備讓諸葛亮坐在床邊，對他說：「我有了丞相，才有今天的帝王事業。可是，由於我的知識淺陋，沒有聽丞相的話，以至於自討失敗。想來真是又悔又恨。如今眼看我就要死了，兒子劉禪又軟弱無能，我只好把大事託付給丞相你了。」他一邊說，一邊把事先寫好的遺詔交給了諸葛亮，並且要求他要盡力輔佐太子劉禪。諸葛亮向劉備表示，一定會盡一切力量輔佐少主，不辜負劉備的重托。

蜀漢章武三年（西元年）四月，劉備去世，死時六十三歲。年少無知的劉禪，在成都繼承了皇位，改年號為建興元年，加封諸葛亮為武鄉侯。從此，蜀漢政治上的一切大小事情，都由諸葛亮決斷。

聯吳抗魏，本來是諸葛亮的重要戰略決策。可惜猇亭一戰，蜀、吳聯盟遭到了破壞。諸葛亮擔心孫權乘劉備剛剛死去的機會，發動突然襲擊，正考慮派人去和東吳修好，可一時又找不到合適的人選。一天，鄧芝來見諸葛亮，說：「目前，主上年幼，初登皇位，民心未安。如果要完成統一大業，就應該拋棄舊怨，和東吳聯好。沒有東顧之憂，咱們才能北上進取中原。不知道丞相是怎樣考慮的？」諸葛亮一聽鄧芝的話，十分高興，覺得鄧芝很有見解，而鄧芝正是完成這一使命的理想人選。他笑著對鄧芝說：「我對這件事已經考慮了很久，可惜沒有找到合適的人來擔當起聯合東吳的使命，今天我終於找到了。」鄧芝趕忙問這個人是誰，諸葛亮答道：「你既然明白聯吳的好處，那一定能夠很好地完成這個使命。」他馬上決定任命鄧芝為出使東吳的使臣。

鄧芝到了東吳，求見孫權。由於魏國也同時派使者到了東吳，要孫權聯魏攻蜀。孫權正猶豫不決，因此不肯接見鄧芝。鄧芝就寫信給孫權說：「我這次來，不光是為了我們蜀國，也是為了吳國的利益。」孫權這才肯接見鄧芝。

鄧芝為孫權分析了當時的形勢，說：「吳國有長江作為天險，蜀國有山川作為屏障，兩國和好，互為唇齒，力量就更大。進，可以兼併天下；退，可以鼎足而立。如果東吳要和魏國聯盟，必然要向魏國俯首稱臣。要是不聽他的話，魏國就要藉口討伐東吳。那時候，蜀國也可以出兵順流而下。江南的廣大地區，就不會再是大王所有的了。」孫權聽鄧芝說得有理有據，回答說：「我是願意跟蜀國和好的，只恐怕蜀主年輕懦弱，在魏國的壓力下中途變卦，不能始終如一。既然先生這樣說，我就放心了。」從此，吳國和蜀漢又結成了抗拒曹魏的聯盟，並且多次派遣使者互相訪問，不斷發展聯盟友好關係，從而使得三國鼎立的局面得到了進一步的鞏固。

爲什麼鄧芝能夠說服孫權聯蜀抗魏？最大的原因就在於他一開始就提出了「雙贏」的思想，「不光是爲了蜀國，也是爲了吳國的利益」。而後，他又具體分析了聯蜀對於吳國的好處，使孫權不得不同意聯蜀抗魏的主張，從而圓滿地完成了諸葛亮交付給他的使命。

「雙贏」在某種意義上也是一種互相幫助。你幫助別人，就是在幫助自己。許多古聖先賢一再告訴我們，幫助他人不要圖報答，因爲一次性報答過了，也就失去了幫助人的意義，更不是當初幫人時的初衷。當有人需要你幫一把時，你能搭把手幫一把就是一種回報，就是一種社會共有的緣分。

一個人不能同時幫助許多人，但許多人可以共同幫助一個人。一個人的能力雖然不大，但只要肯幫助別人，他將受到人們廣泛歡迎。

有一種說法，叫做「生活不需要技巧」，講的就是人與人之間要以誠相待，不懷著某種個人目的。對別人的幫助，要落到具體的行動上，而不是只停留在口頭上。幫助有兩種可能：一種是隨便幫幫，一種是一幫到底，做足人情。第一種幫助不能說它不是幫助，因爲它也能給人帶來某種好處，但隨便幫幫的並不是真正有效的幫助，因爲這種幫助在關鍵時刻總是不管用的；第二種幫助才是真正的幫助，它能幫人徹底解決實際困難。我們時常用「兩肋插刀」來形容朋友之間深厚的感情。

「雙贏」是一種良性的競爭，與人合作就是要雙方都能獲利。想獨自獲利是一種貪婪，而「雙贏」則是一種策略。要友好主動地幫助他人，多與別人合作，只有這樣，才可以更好地處理夥伴與對手的關係，爲下一步合作打下良好的基礎。

2 用合作的態度凝聚團隊

在這個講究分工與合作的年代，一個人如果單靠獨行俠式的單打獨鬥根本無法立足社會。而今，無論是企業還是個人的成功，必然要依靠合作的力量。誰不懂合作，誰就無法在當今激烈的競爭中立足。對於我們每一個人來說，更是如此，記住，團隊中的合作比競爭更爲重要，一定要用合作的態度凝聚團隊，才能夠在幫助公司成功的同時，取得個人成功。

諸葛亮就是這樣一位懂得用合作態度凝聚團隊的人，他在「七擒孟獲」中堅持的就是「以和爲貴」的原則。

三國蜀後主建興三年，蜀漢王朝為平定南中，鞏固西南大後方，派丞相諸葛亮率大軍南征。蜀軍在雲南滇中、滇東北一帶與孟獲多次交戰。諸葛亮採取「攻心為上，攻城為下」的策略，擒而縱，縱而擒，多次俘虜又多次釋放孟獲。但孟獲拒不投降，退到了高明縣秀崧山上安營紮寨，築牆修堡，憑據天險固守，準備與蜀軍長期對峙。

秀崧山山高蔽日月，谷深藏臥虎，四周懸崖峭壁，寨門壁壘森嚴。蜀軍多次攻打，都未奏效，只好退回山下，再圖良策。諸葛亮連續幾天觀察地形，但見滿山遍野樹木茂密，雜草叢生。透過柵欄門，看到孟獲軍士身著藤甲，頓時心生一計。原來，那藤甲全是用桐油和油棉浸泡後編織而成的，雖刀槍難入，但遇火即刻燃燒。回到軍營後，諸葛亮命令各營將士準備好引火之物，準備火攻。

孟獲見勢不妙，只好帶領殘兵奪路而逃。蜀兵見了，只是搖旗吶喊，並不狙擊。孟獲下山後向西南方向逃跑，過了幾個村莊，來到嘉麗澤畔，只見前面一片汪洋擋住了去路，即命令兵士解下藤甲鋪在水上，變成艘艘小舟，帶領將士們登上藤甲舟，向楊林方向駛去。蜀軍追到湖邊，看到孟獲兵士已悠然渡河，暗歎不已。孟獲帶領殘兵到達楊林，看後面已無追兵，不由得舒了口氣，便整頓人馬，經七里灣坡向昆明方向進發。

這一帶地勢陡峭，路如盤蛇，道路兩側樹木林立，荊棘叢生。忽聽一聲炮響，到處起火，喊聲震天，一彪人馬攔住去路。原來，諸葛亮早已算定孟獲兵敗後，必然從七里灣退走，便命魏延率領一隊人馬埋伏於七里灣以東不遠的山坳裡。孟獲兵士看到林中大火，嚇得驚魂不定，掉頭就跑。孟獲親自上陣督戰，然而，兵敗如山倒，哪裡喝止得住。看到軍無鬥志，前有伏兵，後無退路，孟獲只好下馬投降。諸葛亮寬宏大量，再次將孟獲釋放了。

孟獲被六擒六縱後，不敢再與蜀軍交戰，帶領殘部悄悄退回秀崧山，任憑蜀軍如何挑戰都不理睬。他認為諸葛亮遠道而來，糧食不足，只要守住山頭，待蜀軍糧草用完，便會自動退兵。諸葛亮識破了孟獲的計謀，將計就計，人工假造「漾米堆」迷惑對方。孟獲聞報，決定下山燒毀「漾米堆」，斷蜀軍軍糧。晚上，孟獲打開寨門，親率精兵強將悄悄下山，待靠近「糧堆」正要放火時，忽然喊聲四起，蜀軍四處殺來。孟獲方知中計，急令退兵，但為時已晚，退路已被切斷，只得率領部分將士拚命殺出重圍，奪路而逃。

剛突出重圍，坐騎冷不防被絆馬繩絆倒，孟獲落馬倒地，當場被擒，其餘兵士亦被拿下。原來，諸葛亮在此設下伏兵。第二天，孟獲等一班被俘人員被押往金城。孟獲羞愧地跪於帳下。諸葛亮叫護衛為他鬆綁賜座，賞酒壓驚，右手把羽毛扇往下一壓，側過頭去問道：「孟公七次被擒，服乎？」孟獲袒胸露臂，連聲謝罪：「丞相天威，南人不復反矣！」「好！好！孟公既不復反，順應天意，實為俊傑。」諸葛亮說完，隨即命令部下，在金城南築土台搭松棚，準備與孟獲歃血為盟，永世修好。當晚，諸葛亮在帳內與孟獲對座暢飲，共商未來。結盟修好的日子到來了。

那是一個秋高氣爽、月明星稀的拂曉時辰，土台四周掛滿了犬牙狀鑲邊的三角旗，一面繡有「蜀」字的軍旗懸掛檯子背面，台口上方橫掛著一排紅燈籠。兩排蜀軍衛隊站立平台左右兩側。東方欲曉，明月漸漸西下，秀崧山頂顯現出七彩霞光。慢慢地一輪紅日冉冉升起，天空中形成日月交輝的壯觀景象。隨著七聲炮響，紅燈放彩，鼓樂齊鳴，軍旗飄舞，歡聲震天。土台上，諸葛亮與孟獲面對秀崧山舉杯盟誓。諸葛亮說：「孟公深明大義，順乎潮流，值得慶之賀之！」孟獲道：「蜀漢皇恩浩蕩，丞相智勇雙全，孟獲我心悅誠服，永不叛逆。」二人舉起酒杯，同聲說道：「今日盟交之情，與山河同在，與日月同輝。」說完，各自將杯中之酒一飲而盡。

從此，蜀漢與南中永世修好，傳為佳話。

諸葛亮本著合作的態度團結了孟獲，平定了南方，使得蜀漢國內不再有內亂，他才得以放心北伐，不再有後顧之憂。

在生活中，人與人之間或多或少都存在著天然的競爭關係，如果每個人都以保護自己的私利爲基本出發點的話，團隊中必然會缺少團結，團隊成員必然會缺失合作精神，沒有了合作，團隊自然也不會成功。我們每個人都應該像諸葛亮一樣，本著合作的態度去凝聚團隊，只有我們搞好內部團結，在工作中學會合作，個人才能取得長久的發展，我們所在的團隊也才會成長。

3 統籌大局，以和為貴

顧全大局，即凡事從大局出發，以集體的利益爲重點。如果你想立足於社會、脫穎而出，只有忠誠、敬業和負責的精神是遠遠不夠的，你還必須要有顧全大局的精神。凡是要從大局出發，以大局爲重，因爲大局壓倒一切，如果你不顧大局，就有可能會出局。

特別是在經濟迅速發展的今天，個人的成功是建立在企業成功的基礎之上的，如果你不能以企業發展的大局爲重，即便你再勇敢、再有能力，你也不可能取得成功。

諸葛亮之所以能夠功成名就，就在於他凡事總能站在全域的角度來思考，他的每一個計畫、每一步安排都是以全域的發展爲重的。在團隊中，他總能夠統籌兼顧，顧全大局。

很多看過《三國演義》的人都會認爲諸葛亮明知道關羽會放走曹操，還要安排他去華容道，是諸葛亮的問題。其實不然，諸葛亮之所以這麼做，就是爲了顧全大局。試想，一旦諸葛亮安排別人去守華容道，依曹操當時的境況，必然會被消滅，東吳必然會與劉備集團爲敵，因爲滅掉了劉備集團，東吳就可以稱霸天下了。

而當時的劉備集團勢力太弱，根本不足以抵抗東吳，諸葛亮正是站在全域的立場上，才讓關羽去守華容道的，因爲他知道關羽會放走曹操，放走曹操就可以牽制東吳。諸葛亮讓關羽去，既還了以前曹操對關羽的恩情，還可以讓劉備集團安全地存活下去，可謂是統籌兼顧。至於立軍令狀的事，也是站在全域的角度，讓整個劉備集團的人都意識到軍令如山。而法外開恩更可以讓整個團隊凝聚在一起，增強集體的力量。

誠然，如若諸葛亮派別人去守華容道，曹操被滅，諸葛亮的智謀神算必然會被眾人所稱道，然而劉備集團也必然因此而面臨危險，一時的個人英雄主義帶來的可能是全域的失敗。成功需要的是英雄的配合而非英雄的個人，因此，不能夠顧全大局的人必然會遭到淘汰。

特別是在專業化分工越來越細、競爭日益激烈的今天，僅依靠一個人的力量根本無法完成千頭萬緒的工作。顧全大局，已經成爲每一位一流員工所必備的品質。一滴水只有融入了大海，才能夠永遠不枯竭；一個人只有充分地融入整個公司、整個社會的大環境當中，才能充分發揮出自己的才幹，才會像諸葛亮一樣爲公司創造出最大的經濟效益。因此，我們需要牢牢記住：優秀並不是我們被任用的唯一理由，顧全大局的團隊精神更是我們幫助企業成功的必要條件之一。

在蜀漢集團中，法正可以說是一個既難纏又難合作的怪人。他很有智謀，曾幫助劉備入主西川，有開國之功，可他卻也有很多難於被人接受的缺點：斤斤計較個人的恩怨得失，專橫霸道，喜歡挾私報復。

曾有人向諸葛亮建議：「法正在蜀郡太霸道了，軍師為什麼不報告主公，挫挫這傢伙的霸氣呢？」

諸葛亮感歎道：「當初主公在公安，北畏曹公之強，東憚孫權之逼，近則懼孫夫人生變於肘腋之下；當斯之時，進退兩難，法孝直為之輔翼，不可複製，如何禁止法正使不得行其意邪！」

諸葛亮這一席話，說出了自己容忍法正的原因。其實，他這樣做是從大局出發，一來法正是劉備倚重的功臣，二來法正是蜀中十分有影響的代表人物，在當時的情況下排斥、打擊他，不僅得罪劉備，而且也不利於蜀漢集團內部的穩定、團結，更不利於蜀中新政權的鞏固；再說，法正富於機智謀略，團結他就能更好地利用他。

事實證明，諸葛亮「團結一切可以團結的力量」的做法，是明智之舉。

對於我們每個人來講，任何時候都應該從全域出發。也許暫時顧全大局會讓你表面上看起來遭受損失，但如果我們從更深的層次來看，不追求個人英雄主義的人同樣是贏家。正是因爲你的周全、你的謙讓和付出，才使得你所在的團隊獲得了更大的成功，而團隊的成功，也就意味著你的成功！

4 單靠一己之力，成事難

印度偉人甘地說：「同自給自足一樣，相互依賴是、而且應該是人類的理想。人類是社會性動物。」其實，自給自足也是對相對來說的，是建立在相互依賴的基礎之上，即使是在荒島上的魯濱遜，不還是照樣需要有自己的夥伴「星期五」嗎？因此說，無論是在工作中還是生活中，我們都處在一個相互依賴的現實中。

生活中，我們每個人都會有這樣的感覺：人與人在一起總是比孑然一身好。「獨木不成林」，與整個世界相比，每一個人都太渺小了，沒有哪一個人能擁有所有的才幹、所有的想法、所有的能力來維繫整個世界的運轉。換而言之，也就是說無論在什麼時候，我們都必須學會與他人合作。

諸葛亮文韜武略，智勇雙全，在中國人的心目中，他是智慧的化身。但要成事，還需要部下同心出力。拿主意、定策略，往往要和蔣琬、費禕之徒坐到一塊商議、敲定；上前線、破敵陣，常常要和黃忠、姜維等將領共同謀劃；搞外交、當說客、修盟好，還往往需要陳震、鄧芝等巧辯之士出面……

所以，諸葛亮深有體會地說：「依人之利，則無往不勝。」

一個人不能只滿足於自身的各種需要，還要懂得滿足他人的需求，與朋友、同事一起成長。個人與朋友、同事，包括組織結成長期的學習夥伴關係，加強彼此之間的學習，用文化、技術、資金、關係等把大家結成一個「群英生態群落」，共同進化，形成一種好的風氣，這不僅是未來的生存之道，而且可以增強個人在「生態群落」中的力量，獲取更大的發展空間，爲以後的事做好準備。

然而，這個世界上總有一些人喜歡單打獨鬥，他們不相信別人，認爲憑藉自己的能力完全可以實現自己的願望，因此，他們不肯借助他人的力量，力圖自己完成所有的事情。他們每天爲了生活不停地奔波，不肯停下來關注一下自己身邊的人，結果在追求成就的過程中，失去了健康、家庭的和諧、友情……而在付出了比別人多很多倍的努力之後，得到的卻不是他們期待中的成功，是那份因失敗而帶來的失落。這時，他們就像一列剎車失靈的火車，不可避免地墜入深淵，獨自品味著失敗，更談不上什麼成功……

現在社會是個資訊時代，人和人之間的聯繫比以往任何一個時代都更加緊密。孤膽英雄或獨行俠在這個世界上早已沒有立足之地，協作增效已經成爲現代社會人的共識。如果把若干個分散著的部分組合在一起，得到的效果將大於這幾個部分各自效果的總和，這就是協作。而如果把許多個人的精力、才幹和能量釋放出來綜合在一起的時候，一定會創造出驚人的成績，甚至遠遠超過他們各自能力的簡單相加。當一個團隊或組織整合了自己團隊成員的努力時，他們的表現會遠遠超過他們所擁有的人力和物力，從而實現看上去遙不可及的宏偉目標。這就是眾人合作的力量。一個人再聰明，也只有一個腦袋和一雙手，而在高度發展的社會中，一個腦袋、一雙手的能力是有限的，一些比較複雜的事情需要彙聚更多人的智慧和力量來解決。只有把有能力的人整合在一起，才能把事情做到最好。

第七章
謙虛是一種美德

諸葛亮曾談他虛心聽取別人意見的切身體會：「從前開始結識崔州平，屢次聽到他指出我做得不對的地方；後來結識徐元直，也經常得到他的啟發和教誨。以前與董幼宰共事，他每次談話都言無不盡。雖然我的天資和秉性拙劣不明，不能全部採納他們的意見，但我和這幾位先生始終相處得很好。」

1 身居高位，不要驕傲蠻橫

一個人在與人交往時，能使人沒有緊迫感，沒有太大的壓力，覺得和他在一起很自在，那這個人就可以稱得上是「謙遜」的人了。古今中外，身居高位，而且能保持謙遜謹慎的人，一定能贏得別人的尊重；而那些驕奢蠻橫、作威作福的人，多半會身敗名裂。

身居高位時，人更應謙虛謹慎。一般來說，一個人的官位越高，客觀上離群眾就遠一些，就容易脫離群眾，聽不到群眾的呼聲和不同的聲音，從而導致同僚或下屬的許多些寶貴意見和計謀，被忽略或被埋沒掉。所以，人的地位越高，越應該謙虛謹慎，虛心納諫。

西元二二三年，劉備病危，白帝城托孤，將身後大事完全委託諸葛亮。「章武三年春，先主於永安病篤，召亮於成都，屬以後事，謂亮曰：『君才十倍曹丕，必能安國，終定大事。若嗣子可輔，輔之；如其不才，君可自取。』亮涕泣曰：『臣敢竭股肱之力，效忠貞之節，繼之以死！』先主又為詔敕後主曰：『汝與丞相從事，事之如父。』」

劉禪年紀輕，又無經驗，加上劉備有命在先，諸葛亮大可取而代之。但諸葛亮心無二志，全心輔佐劉禪，以他的卓越才能穩定了局勢。他不但承擔了全國軍政大計的決策和推動，並親自監督興修水利、橋樑、道路，驛舍等工程，組織養蠶、織錦、煮鹽、冶鐵、鑄錢等重要事業，還親自規劃設計木牛流馬等新式作戰工具及武器。蜀國在「科教嚴明，賞罰必信」、「獎勵農桑，與民生息」等正確政策的指導下逐漸恢復了元氣。

其後兩年，諸葛亮「六月渡瀘」、「七擒孟獲」，安定了後方，漸漸又開創了一個「田疇辟，倉廩實，器械利，積蓄饒」、「吏不容奸，人懷自勵」的局面。他雖然大權在握，卻非常懂得自制，南征回來後，聲望達到空前，使另外一個輔政大臣李嚴深為疑慮。李嚴故意寫信建議諸葛亮趁機晉爵封王，接受九錫。對這件事，諸葛亮坦然地表示：「我是個才能低下的人，輔佐先帝，並不勝任，但卻承蒙錯愛，位極人臣，所得的祿賜也夠多了，如今討賊尚未奏效，知己之恩未報，便妄自尊大，乃與義不合，對我沒有好處的……」

諸葛亮是謙虛納諫的楷模。他被封爲武鄉侯時，劉備已死，劉禪年僅十七歲，諸葛亮掌握著蜀漢軍政大權，地位可謂高也！但他的「集眾思，廣忠益」的教令正是在這時發佈的。這就說明，諸葛亮雖身居高位，但仍保持著謙虛謹慎、虛心聽取別人意見的良好作風。

人有的時候很囂張，自以爲很了不起，看誰都覺得不如自己。但仔細想想，其實很多你認爲對的事情，其結果往往會出乎你的意料。所以說，做人還是要謙虛、含蓄一點。

謙虛不等於虛僞，更不等於唯唯諾諾，卑躬屈膝，苟苟且且。所謂謙虛，有容人容物之量也。不要太把自己當回事，你就是一個普普通通的人，沒什麼大不了的。不要太過張揚，謙虛一點總不會有錯的。

年羹堯，字亮工，號雙峰，祖籍安徽懷遠縣，祖上搬到了山海關，他們家世代為清廷征戰出力，立下了汗馬功勞，年羹堯的父親還曾經做過湖北總督。

年羹堯小的時候十分調皮，不肯讀書，只知道打架。他的力氣很大，不僅欺負同學，連老師他也敢欺負，到最後都沒有人敢再教他了。到了七八歲的時候，年羹堯還不認識一個字，這可把他老爹急壞了，就到處給他找老師，還宣稱只要能教好他這個兒子，給多少錢都行。

有一天，一個七十多歲的老人找到了年羹堯的父親，說他能教好這個孩子，年父很驚訝，就問他：「我的兒子太不老實，先生您年紀這麼大了，不知道您想用什麼辦法來教育他呢？」

老人回答說：「如果您相信我的話，就在偏僻的鄉村修建一所大花園，裡面假山水池，花花草草都不能缺，另外還要準備好各種圖書、兵器和日常用品。但是，花園裡只能有我和這個孩子，一個僕人也不要。還有就是圍牆一定要高，還不能有門，只留個小洞按時送水送飯就行了。三年之後，我一定能把他教育好。」聽他這麼說，年羹堯的父親相信了他的話，就按他說的修建了一座花園，讓年羹堯和這個老人住了進去。

開始的時候，老人在花園裡只管自己讀書，他根本就不管年羹堯幹什麼。年羹堯沒有人管了，他覺得這個大花園挺好玩，他一會兒去池塘玩水，一會兒又爬到假山上去了，有時候他還種種竹子栽栽花，玩得不亦樂乎。就這樣從春到冬，園子裡的東西都被年羹堯給玩了個遍，連他自己都覺得沒意思了，老人還是不搭理年羹堯。

這一天，年羹堯看老人整天捧著一本書在看，就問：「先生整天在這裡看書，書真的那麼有意思嗎？」老人看了他一眼，慢條斯理地說：「當然了，但是你是不懂的，還是去玩你的吧。」

年羹堯聽老人這麼說，就很不服氣地說：「難道我就不能學讀書嗎？」

老人答道：「你當然可以學，不過我怕你不能用心，讀書不用心是學不好的。」

年羹堯氣呼呼地說：「我要是用心讀書，你敢教我嗎？」

這時候，老人看火候差不多了，就笑著說：「只要你好好學，我就會教你的。」

年羹堯聽老人答應教他讀書，興高采烈地說：「我以後一定跟著先生好好學習。」然後，老人就給年羹堯講了許多讀書的好處。

從此，年羹堯在老先生的教導下，一邊學文化，一邊學軍事，晚上還要練習武藝。年羹堯本來就聰明，再加上後天努力，可謂進步神速，三年之後，已經學有所成了。這時候，老人也該走了，年羹堯對老人依依不捨，很是傷心。

此後的年羹堯一路順暢，西元一七〇〇年考上了進士，開始進入仕途。只用了九年就當上了四川總督，成了封疆大吏。這時候，正是西北邊境戰亂不斷的時期，當時的康熙皇帝讓他當四川總督，就是希望他能夠鎮壓西北邊境的叛亂。當然，年羹堯也沒有讓康熙皇帝失望。

在一七一八年參與平定西北邊境的過程中，年羹堯表現出了非凡的才幹。他當時負責清軍的後勤保障工作，由於他熟悉邊疆的情況，人際關係也搞得挺好，所以雖然運送糧草的路途艱險，他的工作還是十分出色地完成了。因此第二年，他就被提拔為川陝總督，成為西北最重要的官員之一。

不久，西北邊境又發生了叛亂，這一次，朝廷任命年羹堯為主帥，讓他帶兵前去鎮壓。出兵前，年羹堯下令：「明天出發的時候，每個人都要帶一塊木板，一束乾草。」將士們不知道這是為什麼，但又不敢問他。

第二天，隊伍進入青海境內後，遇到了大面積的沼澤地，難以通過。這時，年羹堯下令將乾草扔進沼澤地中，然後在上面鋪上木板。就這樣，隊伍順利地通過了沼澤地。這塊沼澤地本是叛軍所依賴的一大天險，他們認為清軍不熟悉地形，根本不可能穿過沼澤。哪想到轉眼之間，清軍就打到了家門口，一時間沒有任何準備，很快就被鎮壓了。

還有一次，夜晚宿營，半夜裡忽然刮起了西南風，但很快就停了。年羹堯發現後，立刻叫來了自己手下的將領，命令他們帶上幾百精銳部隊，飛速趕往軍營西南的密林中撲殺埋伏的敵人。手下人雖然有點莫名其妙，但還是帶上兵馬去了。結果還真發現了埋伏的敵人，便將他們全部殲滅了。

手下的人怎麼想也想不明白，就去問年羹堯：「大帥，您是怎麼知道密林中有伏兵的？」年羹堯笑道：「那風剛刮一陣子就突然沒了，應該不是真的在颳風，而是有鳥飛過的聲音。正常情況下，大半夜怎麼會有鳥飛來飛去呢？一定是有人驚動了他們。西南十里外樹林中的鳥很多，所以，我料定那裡肯定有敵人的伏兵。」手下人聽了，不由得心生佩服。

由於年羹堯幼時曾在雍親王胤禛家裡住過，因而一直視胤禛為他的主人，而後來胤禛能登基成為雍正皇帝，年羹堯也立下了汗馬功勞。

即位後的雍正當然十分信任年羹堯，把西北地方的軍事民政全部交給了他，在官員任免上，雍正也經常徵求他的意見。不光這些，他的家人也受到了雍正的關照，年家大大小小基本上都受過雍正皇帝的封賞。此後，隨著權力的日益增大，年羹堯自傲了。他到哪兒都以功臣自居，眼裡根本看不見別人。

他去北京，京城的王公大臣都去郊外迎接他，然而他對這些人連看都不看，非常無禮。這還不算，有時候他連他的主子雍正皇帝也敢冒犯，有一次在軍中接聖旨，按理說應該擺下香案，跪地接旨，但他就隨便一接了事，這令雍正很生氣。

此外，他還大肆收受賄賂，隨便任用官員，擾亂國家秩序。他出門的時候威風凜凜還不算，就連他家的教書先生回趟江蘇老家，江蘇全省的官員都要到郊外迎接。雍正漸漸地對他忍無可忍了。不久，雍正找個藉口，抓了年羹堯，此後又羅列了多條罪狀，將他徹底打倒。最後，年羹堯被雍正賜死在獄中。

驕傲是一個人前進路上最大的阻力，它總是慫恿人們孤芳自賞、自得自大，自我感覺超過了現實。這種虛幻的良好感覺是無知、偏狹和傲慢的表現，是與積極進取、樸實和謙恭背道而馳的。這種錯誤思維在傷害他人的同時，也在傷害自己——它會使你遠離現實，阻止你進一步發展。

2 放下你的盛氣，留下平和

一個人到底有多大的心胸，能不能把天裝下，能不能把地容下，要看他的心是不是比天大、比地廣。一個人只要能夠容納天下「士」，他就一定能做天下「事」。諸葛亮就是一個能夠容納天下的大智者，因為他心裡明白，沒有天下「士」就沒有諸葛亮。

諸葛亮在被封為武鄉侯兼益州牧後，就對下屬官員發佈教令說：「在審議重要事項和公文時，讓下屬官員提意見的辦法，能集眾思，廣忠益也。」以此鼓勵大家對事業盡心盡力，多動腦筋，出謀劃策。

隨後，諸葛亮又談了他虛心聽取別人意見的切身體會：「從前結識崔州平，屢次聽到他指出我做得不對的地方；後來結識徐元直，也經常得到他的啟發和教誨。以前與董幼宰共事，他每次談話都言無不盡。雖然我的天資和秉性拙劣不明，不能全部採納他們的意見，但是，我和這幾位先生始終相處得很好。」

因此，他廣納賢士，謙虛謹慎，修身養德，被後人稱為「智聖」。

如果你不願遭到別人的反感、疏遠，那你就不要傲慢和過分強調自我。如果人人都注意加強自身修養，謹防傲慢，那將會使我們的人際關係更加和諧，使我們的生活變得更加幸福和快樂。

人們常常注意到，所謂清高、孤傲與怠慢，其實是一種自私心理，通常這三者是結合在一起的。它們相互作用的結果往往使你孤陋寡聞，而其中危害人最深的則是傲慢。

三國時期，禰衡很有文采，在社會上亦非常有名氣，但他恃才傲物，從來都不把別人放在眼裡，經常說除了孔融和楊修，「餘子碌碌，莫足數也」。

禰衡通過孔融的推薦，去見曹操。見禮之後，曹操並沒有立即讓禰衡坐下，禰衡仰天長歎：「天地這麼大，怎麼就沒有一個人！」曹操說：「我手下有幾十個人，都是當今的英雄，怎麼能說沒人呢？」

禰衡說：「請講。」曹操說：「荀彧、荀攸、郭嘉、程昱機深智遠，就是漢高祖時候的蕭何、陳平也比不了；張遼、許褚、李典、樂進勇猛無敵，就是古代猛將岑彭、馬武也趕不上；還有從事呂虔、滿寵，先鋒于禁、徐晃；又有夏侯惇這樣的奇才，曹子孝這樣的人間福將。怎麼能說沒人呢？」

禰衡笑著說：「您錯了！這些人我都認識，荀彧可以讓他去弔喪問疾，荀攸可以讓他去看守墳墓，程昱可以讓他去關門閉戶，郭嘉可以讓他讀詞念賦，張遼可以讓他去擊鼓鳴金，許褚可以讓他去牧羊放馬，樂進可以讓他去朗讀詔書，李典可以讓他去傳送書信，呂虔可以讓他去磨刀鑄劍，滿寵可以讓他去喝酒吃糟，于禁可以讓他去背土壘牆，徐晃可以讓他去屠豬殺狗，夏侯惇稱為『完體將軍』，曹子孝叫做『要錢太守』。其餘的都是衣架、飯囊、酒桶、肉袋罷了！」

曹操聽了很生氣，說：「你有什麼能耐？」禰衡說：「天文地理，無所不通，三教九流，無所不曉；上可以讓皇帝成為堯、舜，下可以跟孔子、顏回媲美。怎能與凡夫俗子相提並論！」這時，張遼站在旁邊，拔出劍要殺禰衡，曹操阻止了張遼，悄聲對他說：「這人名氣很大，遠近聞名。要是把他殺了，天下人必定說我容不得人。他自以為很了不起，所以我要他任教吏，以便侮辱他。」一天，禰衡去面見曹操，曹操特意告訴看門人：「只要禰衡到了，就立刻讓他進來。」

禰衡衣衫不整，手裡還拿了一根大手杖，坐在營門外，破口大罵。有人又對曹操說：「禰衡這小子實在太狂了，把他押起來吧！」曹操當然也很生氣，但考慮再三後還是忍住了，說：「我要殺他還不容易？不過，他在外總算是有一點名氣。我把他送給劉表，看看結果又會怎麼樣吧。」就這樣，曹操沒有動禰衡一根汗毛，讓人把他送到劉表那兒去了。

到了荊州，劉表對禰衡不但客氣，而且「文章言議，非衡不定」。但是，禰衡驕傲之習不改，多次奚落、怠慢劉表。劉表又出於和曹操一樣的動機，把他送給了江夏太守黃祖。

到了江夏，黃祖也能「禮賢下士」，待禰衡很好。禰衡常常幫助黃祖起草文稿。有一次，黃祖還握住他的手說：「大名士，大手筆！你真能體察我的心意，把我心裡想說的話全寫出來啦！」但是，後來在一條船上，禰衡又當眾辱罵黃祖，說黃祖「就像廟宇裡的神靈，儘管受大家的祭祀，可是一點兒也不靈驗」。黃祖下不了台，惱怒之下，把禰衡殺了。禰衡死時不到三十歲。曹操知道後說：「迂腐的儒士搖唇鼓舌，自己招來殺身之禍。」

禰衡短短的一生，沒有經歷什麼大事，我們很難斷定他究竟才高幾何。然而狂傲至此，即便再有才，也必招殺身之禍。

做人不要太狂妄自大，盛氣凌人，那樣的殘局最後只能由自己來收拾。

傲慢是粗俗。它嘩眾取寵，往往擺出「趾高氣揚，不可一世」的俗態。

傲慢是無知。它庸俗淺薄，狹隘偏見，表現出夜郎自大的心態，是虛榮和一知半解結合的怪物。

傲慢是愚蠢。它故作高深，附庸風雅，其實是井底之蛙的仰望，是矯揉造作的不高明的表演。

傲慢是自負。它會使人覺得難於接近，只得敬而遠之，或避而躲之。

傲慢是流沙。常常導致事業的失敗。

孔子說過：「要知之爲知之，不知爲不知。三人行必有我師。」謙遜的態度會使人感到親切；傲慢的架子會使人感到難堪。

相傳，南宋時期江西有一名士傲慢之極，對人不理不睬。一次，他提出要與大詩人楊萬里會一會。楊萬里謙和地表示歡迎，並提出希望他能帶一點江西的名產配鹽幽菽來。名士見到楊萬里後開口就說：「請先生原諒，我讀書人實在不知配鹽幽菽是什麼鄉間之物，無法帶來。」楊萬里則不慌不忙地從書架上拿下一本《韻略》，翻開當中一頁遞給名士，只見書上寫著「豉，配鹽幽菽也」。

原來，楊萬里讓他帶的就是家庭日常食用的豆豉啊！名士面紅耳赤，深恨自己讀書太少，為人不該傲慢。

要做到不傲慢需要注意如下兩點：一是認識自己；二是平等待人。

防止傲慢首先要正確認識自己。一個人要正確認識自己是很不容易的。傲慢的人要麼自以爲有知識而清高，要麼自以爲有本事而自大，要麼自以爲有錢財而不可一世，要麼自以爲有權勢而壓人。殊不知，山外有山，還有能人在前頭。人貴有自知之明。古今中外成大事業者，都是虛懷若谷，好學不倦，從不傲慢的人。

宋代文學家歐陽修，其晚年的文學造詣可說是達到了爐火純青的地步，但他從不恃才傲世，仍一遍遍修改自己的文章。他的夫人怕他累壞了身體，勸他說：「何必這樣自討苦吃？又不是小學生，難道還怕先生生氣嗎？」

歐陽修回答說：「不是怕先生生氣，而是怕後生笑話！」

虛心自知，才是醫治傲慢的一劑良方。

與人交往一定要做到平等待人。平等待人不僅是文明禮貌的行爲，也是人品修養的體現。平等待人是針對傲慢無理而言的。它要求人們在社會交往中，不管彼此之間的社會地位和生活條件有多大的差別，都要一視同仁。

古人說：「不諂上而慢下，不厭故而敬新。」它告訴我們待人時不應用卑賤的態度去巴結逢迎有權勢、有錢財的人，而怠慢經濟條件較差、社會地位不高的人。人本無高低貴賤之分，每個人都有自己的人格，人格作爲人的一種意識和心理深深地附著在人的身上，需要時時加以維護。人格的基本要求是不受歧視，不被侮辱，即要求平等。

所以，不要盛氣凌人，要以平和的心態融入他人之中，你會覺得其樂無窮。中國人常說「有本事要讓別人去說」。一個真正有本事的人是不喜歡自吹自擂的，因爲別人的眼睛要比你的眼睛亮得多。假如你常常爲芝麻大的小小成就而得意忘形、盛氣凌人，把它當做一樁了不得的事情，那你無疑是在欺騙自己。從此，你將走上失敗之路，因爲你早已沒有自知之明，正如盲人騎著瞎馬亂闖，怎麼會有成功的希望呢？

3 以謙恭的態度對人對事

人際交往中，別人會不會產生喜歡你或者厭憎你的情感，是由你的社交水準、品位以及爲人處世的方法決定的。它們同時還可以決定你事業的成與敗。所以，在人際交往過程中，只要注意陶冶、約束個人的品性和修養，就能有效地贏得他人的好感，避免惹人生厭。

無論你的知識有多豐富，口才有多出衆，都應該時刻以謙恭的態度嚴格約束自己，不爭強好勝。這樣，你的個人威信和形象才不會受到影響，並能獲得很好的人緣。在現實生活中，許多因言語尖銳，抑或「刀子嘴豆腐心」而惹人生厭者比比皆是。正所謂「片言之誤，可以啓萬口之譏」。

西元前二三四年，秦國都城咸陽王宮裡，秦王嬴政坐在大殿上，正在聚精會神地閱讀著一個名叫韓非的人寫的文章，讀著讀著，秦王就被文章感染，不由得用力一拍桌案，大聲說道：「這真是一部好書呀！作者真是一位有才能的人，可惜我沒有能和此人生在同一時代，否則能與這樣的人見上一面，也不枉活了這輩子！」

這時候，站在一旁的丞相李斯笑著說：「大王，寫這本書的人並不是一位古人，這個人我認識，他叫韓非，是韓國的公子，現在就居住在韓國。」

秦王聽了李斯的話非常高興，連忙放下手中的竹簡，說道：「原來是這樣，我一定要把他請到秦國來！」

李斯說：「大王您求賢若渴，秦國又強大無比，天下有才能的人誰不願意來投奔您！不過，您要想得到韓非的話，就一定不能讓韓國國君知道，否則他是不會放韓非到秦國來的。」

嬴政冷笑了兩聲，臉上頓時露出了殺氣，他淡淡地說：「只要是我想得到的人，就沒有人能夠阻止我！韓國不放人，我就派兵去攻打韓國，逼著韓王把人給我送來。」

秦王辦事果然雷厲風行，沒過多久，他還真的派出大軍去攻打韓國了。韓國國小兵弱，根本就抵擋不住強大的秦軍，接連失去了好幾座城池，情況十分危急。這時候的韓王實在是沒辦法了，只好把韓非找來，然後讓他做使者出使秦國，希望能夠說服秦王停止攻打韓國。

韓非是韓國的公子，曾經與李斯一起拜當時的著名學者荀子為老師。韓非聰明好學，進步非常快，就連自認為有才華的李斯也自歎不如。但韓非有一個毛病，那就是說話口吃，不善言辭，在與人辯論的時候，一著急就結結巴巴地說不出話來。可他腦子靈活，思維敏捷，寫起文章來洋洋灑灑，氣勢逼人，堪稱當時的大家，凡是讀過他文章的人，沒有不佩服他的才學的。

後來，韓非和李斯學成之後，就告別了老師，各自追求自己的事業去了。李斯去了秦國，韓非則回到了自己的出生地韓國，他想用自己學到的本領報效韓國，並幫助韓王完成統一天下的大業。他曾經多次上書，建議韓王利用「法（法治）、術（權術）、勢（勢力）」，在韓國實行法治，這樣就能使弱小的韓國強大起來。但韓王卻瞧不起韓非，根本不理會他的建議。韓非見韓王無能，自己的建議受不到韓王的重視，於是，他就把心中的怨憤不平通過寫作表達出來。

韓非在韓國不被重用，早就有了想要出去轉轉的想法。這次見韓王要他到秦國去做說客，他馬上就答應了下來。

秦王聽說韓非來了，心裡非常高興，連忙到朝堂上接見韓非。見面之後，秦王對韓非說：「先生的文章我已經拜讀過了，知道您是當今的奇才，今天能見到先生，實在是三生有幸呀！」

然而韓非卻似乎對秦王的恭維無動於衷，他不卑不亢地對秦王說：「我是奉命來秦國做說客的，只希望大王不要再進攻韓國了。」

這時，秦王有些不高興地說：「先生今天來秦國，難道就是專門為韓國做說客的嗎？」

韓非回答說：「我這次來秦國，不單是為了勸阻大王進攻韓國，而且還要向大王進獻稱霸天下的計策。」

聽了這話，秦王來了興趣，急忙問：「先生有什麼計策，寡人正要請教先生。」

韓非答道：「大王進攻韓國實在不是明智之舉，韓國追隨秦國幾十年了，是秦國的友好之邦。大王如果放著虎視秦國的楚國、趙國不打，反而去攻打弱小而友好的國家，這樣做不光會失去韓國這個朋友，還會讓天下人恥笑的。到時候，如果其他的國家聯合起來對付秦國，那秦國的處境就危險了，這是為攻打一個小小的韓國而失去天下呀！還請大王三思。」

秦王聽了韓非的話，點頭不語，沉思起來。

韓非見秦王不說話，知道他已經有點心動了，就繼續對秦王說：「以大王的英明，秦國的國力，天下還有哪個國家能夠比得上呢？但為什麼大王至今仍不能稱霸天下呢？」說到這裡，韓非故意停了下來，看著秦王。

秦王被韓非說中了心思，正等待著韓非繼續說下去，他急不可待地催促道：「請先生繼續說下去。」

韓非接著說道：「我認為主要原因是大王周圍的謀臣對您不夠盡忠。」

「啊！」秦王聽了韓非的話，心中大吃一驚。

站在朝堂上的李斯、姚賈等謀臣聽了這話，心裡也是又驚又怕，他們無不用怨恨的眼神瞪著韓非。

韓非就像沒有看到這些人一樣，對秦王說：「大王，如果您採納我的計策，以秦國如此強大的國力，我保您一舉稱霸天下。如果不能滅掉其他諸侯國，我願意把我的腦袋砍掉！」這時候，韓非因為說得過於激動，口吃的毛病又上來了，頓時結巴了起來，急得他滿臉通紅。

秦王連忙對韓非說：「先生果然有超人的見解，請您不要著急，慢慢說。」

於是，韓非就運用自己心中的才學，向秦王訴說了幫助秦王稱霸天下的主張，聽得秦王不斷點頭稱讚，其他大臣一個個低頭不語，心驚膽戰。

就這樣，韓非留在了秦國，秦王還給了他優厚的待遇。

李斯等人妒忌韓非的才能，唯恐韓非受到秦王的重用，把自己排擠下去，於是，他們就尋找機會，在秦王面前說韓非的壞話。

有一天，李斯趁別人不在的時候，對秦王說：「韓非雖然很有才華，但他畢竟是韓國的公子，心裡總是會替韓國著想的。他不讓大王進攻韓國，就是在袒護韓國。當然，這也是人之常情。但我擔心韓非最終還是會回到韓國去，來幫助韓國對付我們秦國，那到時候大王要稱霸天下就困難了。」

秦王這時候也覺得李斯說得有理，於是問李斯：「依你看，我們該怎麼辦呢？」

李斯惡狠狠地說：「如果放韓非回國，就是縱虎歸山；如果把他留在秦國，也是心腹大患，我們不如趁早把他殺了，這樣就可以永除後患了。」

秦王聽信了李斯的話，命人把韓非抓了起來，但秦王愛惜韓非的才能，不忍心殺他，只是把他關了起來。

韓非正準備盡自己的能力，幫助秦王稱霸天下。他萬萬也沒想到會突然被投進了監獄。所以他要求見秦王以陳述自己的冤屈，但是沒有人給他傳達；他又想上書給秦王，來陳述他的治國計畫，也沒有人給他轉送。於是，他就整日在陰暗潮濕的牢獄裡，孤獨地思索，憤憤歎息。後來，他還寫了《說難》、《孤憤》等文章，來抒發自己心中的悲憤之情。

李斯見秦王沒有想要殺韓非的意思，他擔心秦王醒悟過來之後會放了韓非。於是他又心生毒計，派人送給韓非一包毒藥，並傳話給韓非：「你作為韓國的公子，跑到秦國來幫助秦國滅韓，是韓國的罪人。你又用謊言來欺騙秦王，結果被識破了，關進了牢獄。像你這種人活著還有什麼意思呢？」

韓非知道自己難逃一死，這時他又想起自己空有滿腹才學卻無法施展，頓時也產生了一種絕望感。於是，他仰天長歎一聲之後，服毒自殺了。

可憐一代奇才就這樣冤死獄中。

韓非這樣一個擅長思考的人，爲什麼會被冤獄所害？原因很簡單，正是他和秦王說的話，讓當朝權貴李斯感到恐慌。韓非在陳述個人見解時，沒有顧忌他人的想法和感受，結果被痛下「黑手」，慘遭冤死。

學識淵博的人，爲人也要低調，低調、謙虛是一種優秀的品質，一種讓人心悅誠服的素質。謙虛使人進步，所以內斂、謙虛的人，無論是在事業上，還是在學識上，都會取得不菲的成績。有真才實學的人往往虛懷若谷，謙虛謹慎。他們不驕傲自大，不自以爲是，這也是取得成功的必要前提。

4 善於納諫，勇於改過

一個人在與人相處時，難免會犯下錯誤，有的人因爲自己犯了錯還強詞奪理，甚至爲求自保詆毀他人；而有的人犯了錯誤之後，能夠虛心聽取別人的勸誡，直面錯誤，虛心改正，這才是一個真正虛懷若谷、謙遜處世的人。因此，要想取得良好的人際關係，就必須善於納諫，勇於改過。

有一次諸葛亮坐在桌前，親自核對登記冊和帳本。這件事情被主簿楊顒知道後，楊顒覺得諸葛亮不應如此，於是就徑直闖入相府，對諸葛亮說：「治理國家都有一定的規則和秩序，這個秩序一定要遵守且不能紊亂；上下的職務、職責，多不能相互侵犯，否則就會亂套。請允許我用治家的小事來為您打個比方。」

於是，楊主簿就給諸葛亮舉了這樣一個例子：「有一個財主起初治家有方，給奴僕派活井然有序，男人去耕田種地，女人去洗菜燒飯，狗留在家裡看門，雞主管報時，牛出力耕地，馬奔馳長途。這叫各盡所能，各司其職。主人只需負責檢查，抓好統籌就可以了。然而，忽有一日，這位財主心血來潮，突發奇想，他不再派別人去幹活了，而是親自去幹那些瑣碎的活兒，結果累得他頭昏眼花，身心疲憊，最後什麼事也沒有幹成，更別提幹好了。這是什麼原因呢？難道這個財主的智慧還不如男女僕人嗎？當然不是，問題在於他丟掉了管理的方法。古人講得很明白：『坐下來，議論制訂治國大道的是王公；行起來，執行政務的是士大夫。』而如今，丞相您專注於統籌國務，已是萬事纏身，可您竟然親自去低著頭、彎著腰來核查登記本和帳單之類的事情，這不是太辛苦而又沒有必要的嗎？」

楊主簿一番坦率且誠懇的勸告，使得初為丞相的諸葛亮很受啟發。於是，他馬上就向楊主簿承認了自己的錯誤。

身為一國丞相的諸葛亮都能夠誠懇聽取別人的意見，我們就更應該在面對別人的批評時，坦率且誠懇地接受。其實，一個人有了過錯並不可怕，可怕的是諱疾忌醫，不願意接受別人的批評意見，從而由小錯到大錯，由大錯到不可救藥。

有一位機械工程師，他對事情是否做到精確無誤標準的關心，甚至超過了關心事業是否成功本身。他認為一個被指出錯誤的人就如同笨蛋一樣，無論是測量不準確還是觀測的角度不對，是錯誤的結論還是無效的評估，這些錯誤對他來講都會使他沒面子。他最喜歡說的一句話是：「你不可以在別人面前丟臉。」

事實上，只要是人都會出錯。為了保全面子，這位工程師即使知道自己做了錯事，也會在大庭廣眾之下裝出一副自己沒錯的樣子。更為可笑的是，他對自己不知道的事情會裝出一副很懂的樣子，在他身邊工作的人當然很厭煩他這一點，為此，這位工程師失去了很多人的喜愛和尊敬。

這位工程師裝出什麼都懂的樣子，只會讓別人討厭。作爲一個人，與其不懂裝懂，擺出無所不能的樣子，倒不如做錯事情的時候勇敢承認，這樣還明智一些。唐太宗李世民就是這樣一個善於納諫、敢於認錯的明智之人。

唐太宗非常喜歡魏徵所說的「兼聽則明，偏信則暗」這句話，他時常對大臣們說：「自古以來的帝王，一惱怒就隨便殺人，我總是提醒自己以此為戒。為了國家，請你們經常指出我的過錯，我一定接受。」

唐太宗不但這樣說，實際上也的確知錯就改。有一次，唐太宗出行至洛陽時，因為地方供應的東西不好而發火，魏徵當即勸諫道：「隋煬帝為追求享樂，到處巡遊，使得民不聊生，終至滅亡。今聖上得天下，應當接受教訓，躬行節約，怎能因此發脾氣？如果上行下效，那將成什麼樣子？」唐太宗虛心接受了他的批評。

又一年，陝西、河南發大水，不少地區遭災，唐太宗卻執意要建飛龍宮。魏徵上書反對說：「隋煬帝大修行宮台榭，徭役不斷，把人民逼上絕境，最後招致滅亡。皇上要引以為戒，如果重複隋煬帝的做法，還會重蹈隋亡的覆轍。」最後終於說服唐太宗，停建了這項工程，並把備用的木料都送到災區救濟災民。

還有一次，唐太宗要修洛陽宮，河南陝縣縣丞皇甫德參上書反對說：「修洛陽宮，是勞民之舉；收取地租，是重斂於民；連天下婦女中流行高髻，都是從皇宮裡傳出來的。」唐太宗看了奏章勃然大怒，說：「這人是想讓國家不役使一個人，不收一斗租，宮裡的女人都變成禿子，他才會滿意！」魏徵連忙解釋說：「大臣上書，言辭不激烈不足以引起聖上的重視，言辭激烈又近於誹謗，希望陛下能夠理解。」唐太宗聽了，怒氣頓息，派人賞賜了皇甫德參。

由於唐太宗能聽大臣的勸諫，勇敢地認識並改正自己的過錯，因此才有了「貞觀之治」。人皆有過，關鍵在於犯錯之後的態度，君子由於知錯必改，所以仍舊可以得到人們的仰慕，周圍的人依然歸服他、效法他。

沒有人能事事皆通、樣樣皆能，每個人的思想和其他人都不盡相同，思維方式當然也有差異，所以，當有人向你提出不同的意見，或反駁你時，自然有他的理由，你不妨以謙虛誠懇的態度聽一聽他的意見和建議，這樣可能會出現與你一意孤行時截然不同的效果。

第八章
做人貴在靈活機智

頭腦靈活的人從來不會讓自己走上「絕路」。俗話說：「變則通，通則久。」諸葛亮是一個用腦專家，他的腦子當中時時有一個大大的「變」字。

諸葛亮的聰明在於急智，他總能在關鍵時刻轉危為安。

1 做人需要有「城府」

提到「城府」，人們首先會想到老謀深算。其實不然，「城府」不完全等同於「心計」，「城府」是一種智慧，是一種謀略。如果有人提醒你做人要有「城府」，是讓你在爲人處世的過程中，講究方法，講究策略，講究變通之道，以便建立良好的人際關係，靈活機智地應對人情世故，遊刃有餘地到達成功的彼岸。

我們所說的「城府」，其實更多意義上是練就一雙洞察世事的慧眼。

赤壁之戰後，周瑜大犒三軍，遂進兵攻取南郡。前隊臨江下寨，前後分五營，周瑜居中。瑜正與眾商議征進之策，忽報：「劉玄德使孫乾來與都督作賀。」瑜命請入。乾施禮畢，言：「主公特命乾拜謝都督大德，有薄禮上獻。」瑜問曰：「玄德在何處？」乾答曰：「現移兵屯油江口。」瑜驚曰：「孔明亦在油江否？」乾曰：「孔明與主公同在油江。」瑜曰：「足下先回，某親來相謝也。」瑜收了禮物，發付孫乾先回。

肅曰：「卻才都督為何失驚？」瑜曰：「劉備屯兵油江，必有取南郡之意。我等費了許多軍馬，用了許多錢糧，目下南郡反手可得；彼等心懷不仁，要就現成，須放著周瑜不死！」肅曰：「當用何策退之？」瑜曰：「吾自去和他說話。好便好；不好時，不等他取南郡，先結果了劉備！」肅曰：「某願同往。」於是，周瑜與魯肅引三千輕騎，徑投油江口來。

先說孫乾回見玄德，言周瑜將親來相謝。玄德乃問孔明曰：「來意若何？」孔明笑曰：「哪裡為這些薄禮肯來相謝，止為南郡而來。」玄德曰：「他若提兵來，何以待之？」孔明曰：「他來便可如此如此應答。」遂於油江口擺開戰船，岸上列著軍馬。人報：「周瑜、魯肅引兵到來。」孔明使趙雲領數騎來接。瑜見軍勢雄壯，心甚不安。行至營門外，玄德、孔明迎入帳中。各敘禮畢，設宴相待。玄德舉酒致謝鏖兵之事。

酒至數巡，瑜曰：「豫州移兵在此，莫非有取南郡之意否？」玄德曰：「聞都督欲取南郡，故來相助。若都督不取，備必取之。」瑜笑曰：「吾東吳久欲吞併漢江，今南郡已在掌中，如何不取？」玄德曰：「勝負不可預定。曹操臨歸，令曹仁守南郡等處，必有奇計；更兼曹仁勇不可當，但恐都督不能取耳。」瑜曰：「吾若取不得，那時任從公取。」玄德曰：「子敬、孔明在此為證，都督休悔。」魯肅躊躇未對。瑜曰：「大丈夫一言既出，何悔之有！」孔明曰：「都督此言，甚是公論。先讓東吳去取；若不下，主公取之，有何不可！」瑜與肅辭別玄德、孔明，上馬而去。

玄德問孔明曰：「卻才先生教備如此回答，雖一時說了，輾轉尋思，於理未然。我今孤窮一身，無置足之地，欲得南郡，權且容身；若先教周瑜取了，城池已屬東吳矣，卻如何得住？」孔明大笑曰：「當初亮勸主公取荊州，主公不聽，今日卻想耶？」玄德曰：「前為景升之地，故不忍取；今為曹操之地，理合取之。」孔明曰：「不須主公憂慮，盡著周瑜去廝殺，早晚教主公在南郡城中高坐。」玄德曰：「計將安出？」孔明曰：「只需如此如此。」玄德大喜，只在江口屯紮，按兵不動。

諸葛亮心思縝密、「城府」頗深，他在劉備未做任何交代的情況下，就已爲劉備想好了應付周瑜的計策，使得周瑜承諾「吾若不取，那時任從公取」，爲劉備取南郡找好了正當理由。周瑜走後，劉備還是爲此而擔憂，卻沒有想到，諸葛亮早已爲他順利取得南郡做好了充足的準備。

有「城府」的人，能夠使難成之事心想事成，從而讓自己在人生旅途上處處順心；能夠在緊要關頭化險爲夷，從而讓自己左右逢源，贏得與他人寶貴的合作機遇；更能夠讓自己受到上司的重視，得到同輩的尊重和下級的擁戴。

孟嘗君是齊國的名門貴族，幾度出任相國，屬於政治舞台上的實力派。但有一次，他因與齊閔王意見不合，一氣之下辭去相國回到了自己的領地——一個叫做薛的地方。

這時，與薛接鄰的南方大國楚國正要舉兵攻薛。與楚國相比，薛不過是個彈丸之地，楚兵一旦到來，薛的後果不堪設想。情急之下，孟嘗君只有求救於齊閔王。但孟嘗君剛剛與齊閔王鬧了矛盾，因此不好意思去求，也怕求了之後齊閔王不答應。為此，他傷透了腦筋。

就在孟嘗君無可奈何之時，齊國大夫淳于髡來薛拜訪。他奉齊閔王之命去楚國交涉國事，歸途順便來看望孟嘗君。孟嘗君得知消息，撫額稱慶。他親自到城外迎接淳于髡，並以盛宴款待。

淳于髡為人善隨機應變，常為諸侯效力，與王室也有密切的關係。齊閔王時代，他更是成了王室的政治顧問，與孟嘗君相交甚好。

席間，孟嘗君直言相求道：「我將遭楚國攻擊，危在旦夕，請君助我。」

淳于髡也很乾脆地回答：「承蒙不棄，從命就是。」

淳于髡趕回齊國後就進宮晉見齊閔王，目的當然是要相告出使楚國的結果，然而他還有一件要緊事，也就是孟嘗君所托之事。

齊閔王問道：「楚國的情況如何？」

這一問正中淳于髡下懷。於是順著這個話題，淳于髡開始展開「攻心術」，履行對朋友的承諾。

「事情很糟。楚國太頑固，自恃強大，滿腦子都是以強凌弱的想法，而薛也太過不自量力！」淳于髡不露痕跡地將話題轉到薛。

齊閔王一聽，馬上問道：「薛又怎麼樣？」

淳于髡見齊閔王入了圈套，便不失時機地說：「薛對自己的力量缺乏分析，沒有遠慮，建築了一座祭拜祖先的祠堂，規模宏大，卻不管自己是否有保衛它的能力。目前楚王要出兵攻擊這一祠堂，真不知後果會怎樣！所以我說楚國頑固，而薛自不量力。」

齊閔王聞言，神情表情大變，說道：「喔，原來薛有那麼大的王室祖先祠堂？」隨即下令派兵救薛。

守護先祖的寺廟，是國君的義務之一。在這危急時刻，齊閔王就完全沒有計較與孟嘗君的個人恩怨。然而整個過程，淳于髡沒有提到一句類似「請閔王發兵救孟嘗君」的話。

「城府」，表現的是一個人對人、對事難於揣測的深遠用心，展示的是一個人在錯綜複雜的社會環境中留有的心機。然而「城府」作爲一個人內斂而不外露的功夫，亦有其正面意義。

如果你以爲，那些成功人士一定都學識滿腹、才華橫溢，那你就錯了。事實上，只要你比別人多點「城府」，那麼你就離成功更進一步。每個人成功的機會是均等的，你唯一能勝過別人的地方就是你的「城府」。如果你不甘落寞，期待成功，就一定要有「城府」。「城府」是做人的智慧和謀略，是助你通往成功的橋樑。

2 應變之術在於急智

在人際交往中，難免會出現這樣那樣的危機。危機不可怕，只要能在危機中掌握隨機應變的技巧，以挽回當時的緊急狀況。這就要求我們每一個人在面對危機時，能夠調整思維，儘快想到應急之術，讓危機化險爲夷，並朝著有利的局面發展。

諸葛亮助劉備取得荊州後，魯肅代表東吳討要未果。過了數日，東吳細作回報：「荊州城中揚起布幡做好事，城外別建新墳，軍士各掛孝。」瑜驚問曰：「沒了甚人？」細作曰：「劉玄德沒了甘夫人，即日安排殯葬。」瑜謂魯肅曰：「吾計成矣，使劉備束手就縛，荊州反掌可得！」肅曰：「計將安出？」

瑜曰：「劉備喪妻，必將續娶。主公有一妹，極其剛勇，侍婢數百，居常帶刀，房中軍器擺列遍滿，雖男子不及。我今上書主公，教人去荊州為媒，說劉備來入贅。賺到南徐，幽囚在獄中，卻使人去討荊州換劉備。等他交割了荊州城池，我別有主意。於子敬身上，須無事也。」魯肅拜謝。

周瑜寫了書呈，選快船送魯肅投南徐見孫權，先說借荊州一事，呈上文書。權曰：「你卻如此糊塗！這樣文書，要他何用！」肅曰：「周都督有書呈在此，說用此計，可得荊州。」權看畢，點頭暗喜，尋思誰人可去。猛然省曰：「非呂範不可。」遂召呂範至，謂曰：「近聞劉玄德喪婦。吾有一妹，欲招贅玄德為婿，永結姻親，同心破曹，以扶漢室。非子衡不可為媒，望即往荊州一言。」範領命，即日收拾船隻，帶數個從人，望荊州來。

周瑜此計，名為讓劉備到江東與孫權妹妹成親，實則是想扣押劉備。諸葛亮看出危險，依然讓劉備答應了下來。劉備問諸葛亮：「周瑜定計欲害劉備，豈可以輕身入危險之地？」諸葛亮大笑說：「周瑜雖能用計，豈能出諸葛亮之料乎！略用小謀，使周瑜一籌莫展；吳侯之妹，又屬主公，荊州萬無一失。」

最終，諸葛亮將計就計，弄假成真，使得孫權的妹妹嫁給了劉備。而當周瑜帶兵追殺回荊州的劉備時，又被諸葛亮事先安排好的將士殺敗。望著遠去的劉備，周瑜氣急敗壞。諸葛亮卻又叫士兵齊聲高喊：「周郎妙計安天下，賠了夫人又折兵。」

諸葛亮的聰明在於急智，他總能在關鍵時刻轉危為安。而現如今的我們，雖然沒有處在諸葛亮那樣戰亂紛雜的年代，但是也不能高枕無憂。

如今這個時代，機遇與風險並存。人與人在交往時，難免會出現失誤或者失言，從而造成危機。能不能轉化，就要看我們是不是能像諸葛亮一樣在危機面前從容自若，化險為夷了。

清代的紀曉嵐就是這方面的佼佼者。

乾隆年間，紀曉嵐曾在軍機處做事。有一次，乾隆皇帝突然帶著幾個隨從來到軍機處，而此時的紀曉嵐，正光著膀子和幾個同僚閒聊。其他人見皇帝來了，連忙上前接駕，只有高度近視的紀曉嵐沒有看見乾隆皇帝，忽見其他人在前邊接駕，不禁大吃一驚。心想：如果就這樣光著膀子接駕，豈不犯了褻瀆君王之罪？於是，他倉皇地鑽到桌子下面藏了起來。

其實，乾隆皇帝早已看到他的舉動，但他佯裝不知，故意在凳子上坐了下來。

紀曉嵐在桌子底下縮成一團，嚇得滿頭大汗，也不敢出聲。一個時辰過去後，紀曉嵐聽不到乾隆皇帝說話的聲音，以為他已經走了，就探出頭來低聲問其他人：「老頭子走了沒有？」乾隆皇帝在一旁聽得清清楚楚，立刻板起臉，厲聲問道：「紀曉嵐，你見駕不接，我且不怪罪於你。你叫我『老頭子』是什麼意思？你要一個字一個字地給我講清楚，否則可別怪我問你的罪！」

紀曉嵐一聽，無可奈何地從桌子底下爬出來，穿上衣服，俯伏在地，連稱：「死罪！死罪！」接著，他又慢條斯理地解釋道：「萬歲不要動怒，奴才所以稱您為『老頭子』，確是出於對您的尊敬。先說『老』字，『萬壽無疆』稱『老』，我主是當今有道明君，普天之下皆呼『萬歲』，因此稱您為『老』。」乾隆聽後，點了點頭。

紀曉嵐接著說：「『頂天立地』稱為『頭』，我主是當世偉大人物，是天下萬民之首。『首』，『頭』也，故此稱您為『頭』。」

乾隆皇帝邊聽邊瞇著眼睛笑，很是滿意。

紀曉嵐見狀，又不慌不忙地說道：「至於『子』字，意義更明顯。我主乃紫微星下凡，是天之驕子，因此天下臣民都稱您為『天子』。」紀曉嵐說到這裡，停了停，又說：「皇上，這就是我稱您為『老頭子』的原因。」

乾隆皇帝高興地點了點頭，不再追究他的過錯。

急中生智、隨機應變在爲人處世中十分重要。人與人之間的交往複雜而微妙，經常會出現一些始料不及的突發情況，這時就需要你隨機應變，有效化解，創造出和諧、融洽的氛圍。

3 適時調整自己

做人不能剛愎自用、愚昧偏激，我們要學會在關鍵時刻放棄無謂的固執，冷靜地分析每一個問題，慎重地運用智慧做出正確的判斷，選擇合適的方向，並及時加以調整。

我們先來看看諸葛亮是如何做的。

劉備去世後，諸葛亮在傷感之餘，更感到肩上的擔子又重了一些。而此時的他，最關心的問題還是與孫吳的關係。他一直在思考，為什麼與孫吳的關係會鬧到如此地步？難道是孫權反覆無常，寡信少義，不該與他聯合嗎？然諸葛亮與孫權打過交道，覺得孫權不是那樣的人。在赤壁之戰中，孫吳聯合的誠意是經過事實檢驗的。沉且，只有兩家聯合，才有可能戰勝強曹，這是劉、孫雙方都很明白的道理。然而為什麼在實現了跨有荊、益二州的戰略設想之後，兩國的關係就破裂了呢？難道是孫權改變了方針，想要聯曹？孫吳聯曹是事實，滅蜀卻未必。因為吳軍大勝後，吳將徐盛、潘璋、宋謙等人都主張一鼓作氣，攻打白帝城，擒拿劉備，但孫權、陸遜卻下令撤兵，回防曹魏。看來，孫吳只想得到荊州，並不想滅掉蜀漢。

但諸葛亮怎麼也想不明白，孫吳為什麼緊緊咬住荊州不放，難道他害怕蜀漢會利用荊州威脅他的安全？孫吳怎麼就不理解蜀漢佔有荊州的意圖呢？蜀漢佔有荊州，完全是為了對付曹魏，如果是針對孫吳，蜀漢又怎麼會對孫吳一讓再讓，只派關羽荊州軍北伐，而不東征？這意圖表示得還不夠明白嗎？

每當諸葛亮思考問題時，他總愛拿過一卷書來翻閱。

突然，《韓非子》中有的一篇寓言引起了他的沉思：

宋國有個賣酒者，他賣酒從不缺斤短兩，對待買酒的顧客非常熱情，而他的酒味道也很醇美。酒店的幌子掛得很高，人們老遠就能看見，可奇怪的是，他的酒就是賣不出去，以至於美酒都變酸了。賣酒者感到奇怪，就去請教閭裡的智者楊倩。楊倩問他：「你的狗厲害嗎？」賣酒者還是不明白：「我的狗確實厲害。但這和賣不出酒有什麼關係呢？」楊倩說：「人們不買你的酒，是因為怕你的狗。你想想，有人叫孩子拿著錢、提著壺到你店裡買酒，老遠就見你的狗站在門前守著，還不嚇得掉頭就走，誰還敢進去！」

此則寓言的道理再明白不過。賣酒者一心想把酒賣出去，但他養惡狗的行為又與他賣酒的願望不能兩全。看來，這個賣酒者要面臨一個非決定不可的選擇了：要麼把狗處理掉，要麼酒店關門歇業。而蜀漢與孫吳的關係，就好像賣酒者與顧客了。

蜀國立國綱領《隆中對》中，絲毫沒有與孫權敵對的意思，並兩次提到要與他聯合，以湘水為界與其平分荊州。跨有荊、益後又立即北上襄樊，以示佔有荊州的進軍目標不是東向孫吳，而是北向曹魏。可見，蜀漢聯合孫吳的心跡不可謂不明，不可謂不誠。

但孫吳仍感到害怕。可以說，哪怕蜀漢佔有的只是荊州的一部分，孫吳還是會憂慮自身的安全，也絕不會放棄對荊州的爭奪，更不會真正與蜀漢結盟。諸葛亮這才意識到，蜀漢也面臨著一個非決定不可的選擇：要麼繼續同孫吳爭奪荊州，不要雙方的聯盟；要麼放棄荊州，恢復與孫吳的聯盟。

諸葛亮忽然又想起哥哥諸葛瑾在大戰前寫給蜀漢的信，信中讓劉備比較「荊州與天下哪個大哪個小」。可惜的是，劉備那時正處在奪回荊州的衝動之中，沒能認真體會諸葛瑾這句話的意思。現在看來，諸葛瑾是想告訴他們：蜀漢爭奪荊州的戰略與打敗曹魏進而統一天下是矛盾的。因為蜀漢要爭奪荊州，吳國便只好奉陪到底，在無止境的荊州爭奪戰中，蜀漢會把吳國作為主要敵人，從而無力顧及曹魏這個最險惡的敵人，就有可能失掉打敗曹魏的機會。

放棄荊州，對蜀漢爭奪天下一定是有利的，因為對蜀漢來說，爭奪天下最有利的形勢是跨有荊、益二州，夾擊曹魏。但事實證明，要跨有荊、益二州，就得對付孫吳，卻也不一定能真正夾擊曹魏。在這種情況下，只有放棄荊州，才能集中兵力對付曹魏。建安十九年，劉備佔領益州後，孫吳就曾要求劉備讓出荊州。但那時曹操還未徹底把馬超、韓遂等勢力消滅，在關中雍、涼等地區立足未穩，更未佔領漢中。如果答應孫吳的要求，讓出荊州，而率主力北上，肯定會比曹操先據有漢中。然後再以「甚得羌、胡之心」的馬超為先鋒，劉備率主力隨後，並聯合孫權在襄樊等地出擊，這樣，蜀漢的主力始終集中，又有孫吳為援，就能使曹操在關中立足未穩的情況下兩面受敵，他們奪得關中雍、涼的可能性很大。如果真是那樣，蜀漢的局面定將改觀。但劉備集團並未如此，他們與孫吳在荊州反覆糾纏，先是在漢中被曹操搶了先，好不容易奪得漢中，荊州又遭孫權偷襲。八年的時間，蜀漢未向關中雍、涼方向跨出一步，而曹魏不僅在關中立穩腳跟，還佔據了雍、涼二州。

八年過去了，蜀漢兜兜轉轉，又回到了原點，甚至還不如原來的起點，因為它既失去了佔領關中的機會，又失去了荊州地盤。這就是爭奪荊州所付出的代價。而諸葛亮也終於意識到，為了抗衡強魏，為了將來的大業，不能再與孫吳糾纏於荊州了，更不能再與孫吳敵對下去了。

放棄荊州，意味著認識到自己戰略方針的失誤；放棄荊州，意味著將對蜀漢戰略方針進行重大修改。修改後的戰略計畫，史書上雖沒有文字記載，但我們根據諸葛亮的一系列實踐活動，還是可以發現其大致內容的。

第一，閉關息民，恢復元氣，治理蜀漢，尋求自強，為北伐中原打好物質基礎。

第二，解決南中問題，開發南中，解除北進的後顧之憂。

第三，集中兵力進軍雍、涼及關中地區，挽回之前戰略錯誤所造成的損失，為將來出關平定中原做準備。

第四，放棄荊州，以最大的誠意與孫吳重建聯盟，以尋求孫吳在東線的支援與配合。

可以說，這是一個新的鉗形夾攻中原的戰略計畫，「鉗子」的一臂是蜀漢自己，另一臂是盟友孫吳。這只「鉗子」雖然不如以前那樣運用自如，但在此時卻是唯一可行的選擇。孫吳這只手臂是否配合得好，取決於蜀漢與孫吳聯盟的鞏固程度，取決於蜀漢壯大的程度，也取決於蜀漢對曹操勢力抗衡的力度。

經過一段時間的沉思，諸葛亮認識到了以前戰略方針的缺陷，並做了一系列重大調整，以彌補之前的不足。於是，諸葛亮以新人、新戰略，開闢了蜀、吳關係的新局面。

古人云：「有志者，事竟成。」希望自己事業能有所成就的人，要有恒心和毅力朝著目標前進，必定會實現目標。但我們也應該看到，在前進的過程中，還有許多其他客觀因素需要考慮，天時、地利、人和都在其中，並非只要我們有滿腔熱忱就能解決一切問題。如果沒有考慮到足夠的客觀因素就一味努力，到頭來可能會一無所獲。因此，我們在朝著正確的方向邁進時，要學會適時調整自己。

美國石油大王洛克菲勒就向我們證實了這一點。

洛克菲勒年輕的時候曾在美國某個石油公司工作。那時，他所從事的只是一項普通工作，就是巡視並確認石油罐蓋有沒有自動焊接好。

每天都面對這項枯燥無味的工作，讓他感到厭煩。他想換個工作，但他學歷不高，又沒有一技之長，根本找不到理想的工作。沒辦法，他只好繼續耐心工作。有一次，他發現石油罐蓋每旋轉一次，焊接劑就滴落三十九滴。這時，他腦子裡突然有了靈感：如果能將焊接劑減少兩滴，不就節約成本了嗎？

從那以後，洛克菲勒潛心鑽研，最後研製出了「三十七滴型」焊接機，但利用這種焊接機焊接出來的石油罐，偶爾會漏油，並不實用。面對失敗，洛克菲沒有放棄，他仍舊潛心研製，最終研製出了「三十八滴型」焊接機，焊接出來的石油罐外形非常完美。公司對他的成果非常重視，投資大量生產出了這種機器。儘管節省的只是一滴焊接劑，卻給公司帶來了每年五億美元的新利潤！

諾貝爾獎得主萊納斯・波林曾說：「一個好的研究者知道應該發揮哪些構想，而哪些構想應該丟棄。否則，就會浪費很多時間在無謂的構想上。」有些事情，即使是你做了很大的努力，最後卻也可能發現一切都是徒勞。這時的你不能放棄信念，從這條路退出來，重新研究，尋找新的成功機會。

當我們有了既定的目標後，一定要堅持不懈，努力拚搏，但也不能太過強硬，不知變通。一旦行不通，就要放棄偏執，適時地調整自已，嘗試著換一種方式去努力，如此一來，成功也就離我們不遠了。

4 正面受阻，反面入手

一個人耿直坦誠的同時還要學會變通，正面受阻時，要立刻轉變思路，從反面入手，不能「一條路走到黑」，否則必受其害。

三國時期的歷史變幻萬千。其中攪亂風雲者，無非是軍師、謀士。眾所周知，諸葛亮是一名「神算子」，他智謀過人，膽量過人，人人皆知的「草船借箭」就是他的得意之作。

西元二〇八年，曹操率大軍大敗劉備，進逼東吳。東吳的孫權為了自身利益與劉備結成聯盟，共同抗擊曹軍。

當時，劉備派去東吳的使者是諸葛亮，東吳的三軍都督則是周瑜。周瑜心胸狹窄，見諸葛亮處處高他一籌，就想尋找機會殺掉諸葛亮。

一天，周瑜想到一條妙計，他請諸葛亮監造十萬支箭。諸葛亮滿口答應，並立下軍令狀，保證三日內造出十萬支箭，否則甘受重罰。周瑜暗暗高興，心想：這可是你自己找死，怪不得我！

諸葛亮立下軍令狀後，一連兩天都在飲酒作樂。到了第三天，諸葛亮找到好友魯肅，請魯肅借給他二十艘快船，並在每艘船上都紮滿草人，然後把魯肅請到船中，於四更時分，命士兵將二十艘船划向長江北岸。這時候，長江水面大霧瀰漫，對面看不見人。諸葛亮命令士兵們把船頭西尾東地一字排開，並在船上擂鼓吶喊。曹軍聽到震天動地的鼓聲，以為敵人來偷襲，紛紛放箭。諸葛亮與魯肅在船內只管飲酒談笑。沒用多久，船上的草人全都插滿了箭。接著，諸葛亮命令士兵調轉船頭，變成頭東尾西，讓船的另一側逼近曹軍受箭。

日出霧散，諸葛亮命令船隊迅速返航。這時，每條船上已有了五六千枝箭。諸葛亮對魯肅說：「十萬支箭如期拜納，沒費東吳半點力氣，將軍沒有想到吧？」

魯肅對諸葛亮佩服得五體投地，說：「先生真是神人，你怎麼知道今天有如此大霧？」

諸葛亮笑道：「為將而不通天文，不識地理，不曉陰陽，那是庸才。我在三天前就已算定今日有大霧，所以才敢提出三日之期。周都督讓我造十萬支箭，然工匠料物都不應手，那不是明明白白要殺我！我諸葛亮福大命大，他是殺我不了的。」

魯肅把諸葛亮「草船借箭」的經過告訴了周瑜，周瑜歎道：「諸葛亮真是神機妙算，我不如他！」

變與不變，其實大不相同。特別值得注意的是，在以弱抗強時，不能硬碰硬，只有變通，選擇從另一個角度入手，這樣事情就會相對簡單多了。

第九章 善於借助外物的力量

「君子性非異也，善假於物也。」兩千多年前的荀子曾如此感慨道。赤壁之戰，諸葛亮憑藉天氣狀況——東南風的力量，火攻打退了曹操的百萬雄師。都說諸葛亮料事如神，其實不過是善於借助外物罷了。

1 借「貴人」的「光」照亮前程

借「貴人」的「光」，可以爲自己照亮前進的方向。我們站在成功之路的起跑線上，期待著有人來鼓勵、提攜自己，而這些真正能幫助、支持你的人就是你的「貴人」。

很多人相信「愛拚才會贏」，但有些人即使拚盡全力也不會贏，這大約就是缺少「貴人」相助。在攀登個人事業高峰的過程中，「貴人」關鍵時刻的一次幫助，就可使你「鯉魚躍過龍門」，找到施展抱負的舞台。

第一個將諸葛亮推薦給劉備的是司馬徽。司馬徽的身分是「隱士」，他的話，劉備完全相信。

徐庶深得劉備信任，水準很高。他說諸葛亮比自己強百倍，徐庶的話，劉備也相信。

石廣元、孟公威高談闊論，使劉備折服，知道二人身分後，想起司馬徽說「亮自比管仲、樂毅，石、孟只夠當刺史」的話，便更想見見諸葛亮了。

諸葛均、黃承彥朗誦諸葛亮的詩詞，似乎也在向劉備推薦諸葛亮。

《三國演義》中的這些名士好像就起一個作用——推薦諸葛亮，就像諸葛亮有意安排似的。而諸葛亮未出茅廬時，自比「管仲、樂毅」。

管仲，輔佐齊桓公「一匡天下，九合諸侯」，誰人能及！樂毅，率燕軍伐齊，連下七十餘城，哪個能比！而這個讀書種田的青年人，自認為能比，當時很多人都嘲笑他。

諸葛亮雖然有才學，但行政績效為零，政治履歷空白，空有大志，卻無法證明自己有本事。雖然自視大賢，卻不能毛遂自薦；世道混亂，又不能通過考試展示才能，該怎麼辦呢？

諸葛亮化主動為被動，採用「名人推薦法」。當時，他在荊州知識份子圈裡很有名氣，一些名士慧眼識才，對他印象頗佳。他社交工作做得很到位，逐漸聲名遠揚。因此他知道，終有一天會有明主來訪求自己。

諸葛亮成功地讓劉備知道了他的存在。三顧茅廬後，他隨劉備出山，走上了建功立業的舞台。

所謂「貴人」，非大富大貴之人，他可能是你的師父、教練、頂頭上司。不論在什麼行業，把年輕人「扶上馬再送一程」一向是個傳統。沒有背景來頭，沒有靠山撐腰，不是名門之後，僅憑自己嶄露頭角，誰認識你是誰？

不過話又說回來，如果一個人一無所長，也很難得到「貴人」賞識。即使僥倖獲得高位，也肯定有一堆人等著看笑話。「貴人」也會比較謹慎，選擇一個「扶不起的阿斗」，不是明擺著往自己臉上抹黑嗎？「相馬相出一個癩蛤蟆」可是天大的諷刺。

「伯樂相馬」，同時「良禽擇木」，想要獲得成功，也要慎重選擇「貴人」。我們選擇「貴人」應注意以下幾點：

．選一個真正敬仰的人

不要因對方有權勢，想搭「順風車」。

．清楚貴人提拔人才的目的

如果他平時讓部屬做牛做馬，顯示威風；關鍵時刻撒手不管，讓部屬做「替罪羊」，那還是算了吧。

．飲水思源，知恩必報

如果借助「貴人」功成名就後，就吹噓自己如何了得，自以為高明地掩飾別人對自己的照顧，可不是明智之舉。

利用「貴人」的光，可以照亮自己的前程；「借」用「貴人」的形象，可以提高自己的知名度，擴大自己的影響。月亮本身不發光，卻能借太陽之光，使自己明亮起來。對於缺乏成功條件的人，有時必須要憑藉「貴人」之光，才能超越平凡。

2 —聖者，善假於物也—

古人云：「聖者，非能也，善假於物也。」人與動物的主要區別，就是善於製造並使用工具。人的時間、精力和財力十分有限，不可能做到面面俱到，而我們的理想和事業卻在等待著我們去完成，這就需要我們借用外界的資源去完成自己的目標，甚至還可以直接借他人的成功來打開自己的勝利之門。

建安十三年，曹操率兵五十萬，號稱八十三萬，進攻孫權。孫權兵弱，即使和曹操的敵人劉備聯合，兵力也不超過五萬。無奈之下，只得憑藉長江天險，屯兵在大江南岸。

孫權和劉備的聯軍，在赤壁同曹操的先頭部隊相遇。曹軍多為北方兵士，不習水戰，很多人得了疾病，士氣很低。兩軍剛一接觸，曹軍就吃了一個小敗仗。曹操被迫退回長江北岸，屯軍烏林，同聯軍隔江對峙。為了減輕船艦被風浪顛簸，曹操命令工匠把戰船連接起來，在上面鋪上木板，這樣船身就穩定多了，人不僅可以在上面往來行走，還可以在上面騎馬。這就是「連環戰船」，曹操認為這是水戰的好辦法。

但「連環戰船」目標大，行動不便。所以，有人提醒曹操防備吳軍乘機火攻。曹操卻說：「凡用火攻，必借東風，方今隆冬之際，但有西北風，安有東南風耶？吾居於西北之上，彼兵皆在南岸，彼若用火，是燒自己之兵也，吾何懼哉？」周瑜也知道火攻是上策，只是由於氣候條件不利火攻，急得他「口吐鮮血，不省人事」。然劉備軍師諸葛亮僅用「天有不測風雲」一語，就點破了周瑜的病因，並密書寫道字：「欲破曹公，宜用火攻；萬事俱備，只欠東風。」可見，對於火攻的條件，曹、周、諸葛三人都有共同的認識。

然而，諸葛亮因為家住赤壁不遠，對赤壁一帶氣候規律的認識，比曹、周兩人更深刻、更具體。西北風只是氣候現象，而在氣候背景下也可以出現東風。在軍事氣象上，除了必須考慮氣候規律之外，還須考慮天氣規律。當時的諸葛亮根據對天氣氣候變化的分析，憑著自己的經驗，已準確地預測出出現偏東風的時間。但為糊弄周瑜，他卻設壇祭神「借東風」。

冬日的一個夜晚，果然刮起了東南風，而且風力強大。周瑜派出部將黃蓋，帶領一支火攻船隊，直駛曹軍水寨，假意投降。船上裝滿了飽浸油類的蘆葦和乾柴，外邊圍著布幔加以偽裝，船頭上插著旗幟。駛在最前頭的是十艘衝鋒戰船，這十艘船行至江心，黃蓋命令各船張起帆來，船隊前進得更快。就在能看見曹軍水寨的時候，黃蓋命令士兵齊聲喊道：「黃蓋來降！」曹營中的官兵，聽說黃蓋來降，都走出來伸著脖子觀望。曹兵不辨真偽，毫無準備。而黃蓋在船隊距離曹操水寨只有二里路時下令：「放火！」號令一下，所有的戰船齊放火，向曹軍水寨衝去。東南風愈刮愈猛，火借風力，風助火威，曹軍水寨全部著火，而「連環戰船」一時又拆不開，只能任火越燒越旺，一直燒到江岸上。只見烈焰騰空，火光沖天，江面上和江岸上的曹軍營寨，陷入一片火海之中。

赤壁之戰，東風起了很大作用，唐朝詩人杜牧有兩句名詩道：「東風不與周郎便，銅雀春深鎖二喬。」意思是說，多虧老天把東風「借」給了周瑜，使他能發動火攻，否則，孫策的老婆大喬和周瑜的老婆小喬就會被曹操擄到銅雀台去了。

可見，資源無處不在，無處不有，包括時間、空間、金錢、財物、技術、資訊、人力、智慧、情誼，等等。善「借」者，世上所有的資源都可以為己所用，在某種程度上，「物盡其用」是他們的一大策略。

3 他山之石，可以攻玉

一個人只要善於「借物」，他的人脈網就能夠爲他自己提供足夠的資源和力量。你所交往的人，包括你的親人和朋友，都是你潛在的資源和能量。

有心人大都善於借助他人的智慧和力量來達成自己的目標，而不善於動腦筋的人只知道憑藉一己之力，縱是廢寢忘食、竭盡全力，也只能守住自己一方小小的地盤。

歷史上，很多有雄才大略的人，無一不是將「借」的智慧和力量發揮到極致的聰明人。

袁紹死後，權力由妻子劉氏及謀士審配、逢紀操縱，他們立三子袁尚為大司馬將軍，統領冀、青、幽、並四州之地。袁紹長子袁譚對此深為不滿，要和袁尚相爭。恰在此時，曹操進攻黎陽，袁譚大敗，只好向袁尚求援，袁尚只撥五千兵馬相助，卻在半路上被曹軍全部截殺。此後，袁尚不再增派援軍，意欲借曹操之手除掉袁譚。

袁譚大怒，便欲投奔曹操，消息傳到冀州，袁尚擔心其兄投降曹操後並力來攻，便親自率領大軍前去黎陽增援，袁譚聞訊大喜，打消了投降的念頭。不久，袁熙、高幹也領兵前來，然而四支兵馬並於一處，仍不是曹操的對手。袁氏兄弟與高幹棄城逃走，退入冀州堅守。

曹操連日攻打冀州，一時難以奏效。這時，謀士郭嘉向曹操獻「隔岸觀火」之計，他說：「袁紹廢長立幼，而袁譚、袁尚勢力相當，各樹黨羽，互相爭鬥，如果進攻太急，他們就會團結起來頑強抵抗；如果暫緩攻擊，他們之間就會相互爭鬥火併。我們不如舉兵南下，擺出南征劉表的姿態，等待其內部生變。」曹操認為他說得很有道理，便親率大軍向荊州進兵。

事情果然不出郭嘉所料，曹操撤軍後不久，袁譚便與袁尚大動干戈，袁譚敵不過袁尚，便向曹操求救，曹操乘機揮軍北上，首先打敗袁尚、袁熙，後又消滅了袁譚和高幹，從而一舉平定袁氏勢力。

曹操不費一兵一卒，便除掉了袁氏兄弟，坐收漁利。可見，有大志者無不希望借助他人的智慧和力量，成就自己的一番事業。

當今社會，競爭激烈，正是有志者大顯身手的最好機會，當然也是充分發揮他人智慧和力量的最好時候。但這就需要我們有寬廣的胸懷，做到知人善用、任人唯賢，做到求賢不求全，邀請具有專業知識的人才，善於任用有特殊專長的人士，最大限度地發揮他人的力量爲我所用。

4 「借」一種旗號提升影響力

「借力」，有多種途徑，而「借」一種旗號來提升自己的影響力，便是其中之一。自古以來，出師作戰要有名，如果師出無名，即使興師動眾，也必定無功而返。正如老子所說的「得道者多助，失道者寡助」。要得道，必先得「名」，就是要有一個好名義。

但凡有大智慧的人都善於在「名」上下功夫，比如，已有「名」者會更大張旗鼓，期望「名」更大；無「名」者也會想盡辦法「借」一個「名」來，然後「名正言順」地大幹一場。

「自董卓之亂以來，天下豪傑並起，割據州郡自立者不計其數。曹操和袁紹相比，聲望不如，兵也少得可憐，但最後仍擊潰了袁紹。以弱勝強者，不僅要抓住時機，更需要長期規劃。如今，曹操已擁有百萬雄師，而且又『挾天子以令諸侯』。因此，絕對不可以硬拚。東南方的孫權，佔有江東已歷三代，政權相當穩固，地勢上更有長江天險可守，人民生活富足，軍隊糧草充裕，屬下賢明能幹的人頗多。像這樣的勢力，只可結為盟友，不要去招惹。」

「荊州北據漢江的地險，南方又擁有南海的財利。東連吳地，西通巴蜀，是兵家必爭之地。從目前的形勢看來，荊州的舊主人可能無力保住這塊地盤，這不正是上天有意安排給將軍的嗎？就看將軍自己的意願了。」

「西方的益州，地勢險要，沃野千里，是天府之國。當年漢高祖便在這裡建立基業，進而統一了天下。如今，益州牧劉璋為人糊塗懦弱，深受北方張魯的威脅。雖然人民勤勞殷實，物產富足豐盛，但為政者卻不知愛惜。因此內部充滿了不安因素，智慧之士很想得到明主來統治益州。」

「將軍既是漢室宗親，帝王後裔，信義著四海，深得各方英雄歸心。如今又肯虛心接納雅言，求才若渴。因此，以我的建議，應取得荊州、益州，守住這兩州的天險，西和戎人，南撫夷越，外交上要和孫權建立同盟關係，內政上勵精圖治，培養實力，等待最佳的機會。」

「一旦天下大事有變，便可以遣一上將率領荊州兵馬北上，直接攻打洛陽。將軍再親領益州軍，由秦川進攻，還怕百姓不簞食壺漿以迎將軍？如果真能照此計而行，那麼將軍之霸業可成，漢室一定能中興。」

這就是歷史上著名的「隆中對」。在這個決策中，諸葛亮深入分析並指出種種條件的利與弊，最重要的是，它確立了興復漢室這一願景。

5 巧借對手的智慧和力量

在一個人的成長之路上，競爭對手是始終存在的。對手的存在不僅證明了一個人存在的價值，同時也是互相競爭、互相刺激發展的重要力量。有心的人，不但善於把對手的攻勢、競爭轉化爲動力，有時候還善於直接或間接利用對手的智慧和力量，發展自己的事業。

諸葛亮第六次出祁山時率大軍三十四萬之眾。「兵馬未動，糧草先行」。但這麼多人的軍糧，佔用的人力物力不在少數，而且運糧的道路還是「難於上青天」的蜀道，更可謂是難上加難。長史楊儀詢問：「今糧米皆在劍閣，人夫牛馬，搬運不便，如之奈何？」此時，孔明早令軍匠趕製用於運糧的木牛流馬多時了。

孔明令右將軍高翔，引一千兵士駕著木牛流馬，自劍閣直抵祁山大寨，往來搬運糧草。當堅守不出的司馬懿得知孔明用木牛流馬轉運糧草後大驚，急喚派張虎、樂綝二人吩咐曰：「汝二人各引五百軍，從斜谷小路抄出，待蜀兵驅過木牛流馬，任他過盡，一齊殺出，不可多搶，只搶三五匹便回。」

二人依令，各引五百軍，扮作蜀兵，夜間偷過小路，伏在谷中，果見高翔引兵驅木牛流馬而來。將次過盡，兩邊魏軍一齊鼓噪殺出。蜀兵措手不及，棄下數匹，張、樂二人將其驅回本寨。司馬懿看了，果然進退如活，乃大喜曰：「汝會用此法，難道我不會用！」便令巧匠百餘人，當面拆開，吩咐依其尺寸長短厚薄之法，一樣仿造木牛流馬。不消半月，造成二千餘隻，與孔明所造者一般法則，亦能奔走。遂令鎮遠將軍岑威，引一千軍驅駕木牛流馬，去隴西搬運糧草，往來不絕。魏營軍將，無不歡喜。

卻說高翔回見孔明，說魏兵搶奪木牛流馬各五六匹。孔明笑曰：「吾正要他搶去。我只費了幾匹木牛流馬，卻不久便得軍中許多資助也。」諸將問曰：「丞相何以知之？」孔明曰：「司馬懿見了木牛流馬，必然仿我法度，一樣製造。那時我又有計策。」數日後，人報魏兵也會造木牛流馬，往隴西搬運糧草。孔明大喜曰：「不出吾之算也。」便喚王平吩咐曰：「汝引一千兵，扮作魏人，星夜偷過北原，只說是巡糧軍，徑到運糧之所，將護糧之人盡皆殺散，卻驅木牛流馬而回，徑奔過北原來。此處必有魏兵追趕，汝便將木牛流馬口內舌頭扭轉，牛馬就不能行動，汝等可棄之而走，背後魏兵趕到，牽拽不動，扛抬不去。吾再有兵到，汝卻回身再將牛馬舌扭過來，長驅大行。魏兵必疑為怪也！」王平依計引兵而去。

孔明又喚張嶷吩咐曰：「汝引五百軍，都扮作六丁六甲神兵，鬼頭獸身，用五彩塗面，扮作種種怪異之狀：一手執繡旗，一手仗寶劍，身掛葫蘆，內藏煙火之物，伏於山傍。待木牛流馬到時，放起煙火，一齊擁出，驅牛馬而行。魏人見之，必疑是神鬼，不敢來追趕。」張嶷依計引兵而去。孔明又喚魏延、姜維吩咐曰：「汝二人同引一萬兵，去北原寨口接應木牛流馬，以防交戰。」又喚廖化、張翼吩咐曰：「汝二人引五千兵，去斷司馬懿來路。」又喚馬忠、馬岱吩咐曰：「汝二人引二千兵去渭南搦戰。」六人各遵令而去。

且說魏將岑威引軍驅木牛流馬，裝載糧米，正行之間，忽報前面有兵巡糧。岑威令人哨探，果是魏兵，遂放心前進。兩軍合在一處。忽然喊聲大震，蜀兵在本隊裡殺起，大呼：「蜀中大將王平在此！」魏兵措手不及，被蜀兵殺死大半。岑威引敗兵抵抗，被王平一刀斬了，餘皆潰散。王平引兵盡驅木牛流馬而回。敗兵飛奔報入北原寨內。郭淮聞軍糧被劫，急忙引軍來救。王平令兵扭轉木牛流馬舌頭，皆棄於道上，且戰且走。郭淮教且莫追，只驅回木牛流馬。眾軍一齊驅趕，卻哪裡驅得動？郭淮心中疑惑，正無可奈何，忽然鼓角喧天，喊聲四起，兩路兵殺來，乃魏延、姜維也。王平復引兵殺回。三路夾攻，郭淮大敗而走。王平令軍士將牛馬舌頭重新扭轉，驅趕而行。郭淮望見，方欲回兵再追，只見山後煙雲突起，一隊神兵擁出，一個個手執旗劍，形狀怪異，驅駕木牛流馬如風而去。郭淮大驚曰：「此必神助也！」眾軍見了，無不驚畏，不敢追趕。

卻說司馬懿聞北原兵敗，急忙親自引軍來救。方到半路，忽一聲炮響，兩路伏兵自險峻處殺出，喊聲震地。司馬懿見了大驚，魏軍著慌，紛紛各自逃竄。

一個真正的對手，是一種非常難得的資源，針鋒相對，只能走向狹隘。放開胸襟，正面較量，才是自信的表現。想借助對手的智慧和力量，就要儘量掩飾自己的意圖，將對手的反應和舉措作爲自己行動的助推器，以使雙方的力量在微妙中發生變化，在競爭中使自己佔據最大優勢。

第十章
該做的事情一定要做好

機遇難得，難在何處？難在機不可失，失不再來。在諸葛亮看來，機遇就是人生的「金元寶」，他善於把機遇變成人生的財富，變成成功的資本。抓住了機遇，人生就有了新的開始。

1 適度地嘗試冒險

果敢幹練是一種很高的境界，從某種意義上說，它要求我們在生活中要不斷嘗試接觸新鮮事物。每個人都有機會讓自己生活得更好，不管改變的是自己的性格，還是人際關係，或者是生活狀態，很多事情都值得冒險一試。

每個人都具有一定程度的冒險潛質，然而冒險不一定要達到極致，它也可以只是做一點異乎尋常的事。冒險，即使不驚天動地，對於鍛煉人格也大有幫助，尤其可以增強我們在突發事件面前的處理能力。「人生不如意十之八九」，平時刻意讓自己去應付一些難題，可以讓我們練習如何去面對突發的狀況。如果從不冒險嘗試，那你的一生也不過是隨波逐流，僅此而已。

一位冒險家曾說：「我必須承認，在我的一生中，有些時候的確會冒出逃避的念頭。覺得自己已經有了穩定的工作，所以只要考慮自己分內的事就行了。但不管如何，即使境遇再不好，前面總還有一點光亮可尋，於是我又繼續幹下去。逃避沒有用，我們需要的是：勇敢、果斷和信心。」

人生每個階段多少都帶著一點冒險：健康、人際關係、生意、謀職，等等。

冒險並不在於我們的選擇多麼偉大，而是如何選擇，是果斷勇敢地面對，還是唯唯諾諾退縮地接受。因此，不管現實有多困難，只要我們有必勝的決心，有果斷的勇氣，就一定會取得成功，生活的趣味恰恰就在於此。

諸葛亮一生曾兩次過江東赴東吳。第一次是在劉備敗走漢津口之後，兵不過數千，退守夏口彈丸之地，在曹操大軍壓境之下，大有被吞掉的危險。諸葛亮過江赴吳，促成孫劉聯盟。此次過江，對諸葛亮而言，初時無險，但由於東吳主帥周瑜心胸狹窄，三番五次要置諸葛亮於死地，諸葛亮的處境才越來越險。第二次是諸葛亮氣死周瑜之後，赴柴桑口祭弔，此次風險極大。

諸葛亮「三氣周瑜」，使東吳失去了一位威望極高的三軍統帥，使孫權失去了智囊。周瑜臨終前仰天長歎：「既生瑜，何生亮！」他的哀怨在東吳將領的心中激起了憤怒和怨恨，他的不幸而亡又燃起了將領們報仇雪恨的烈焰，若不把這股烈焰撲滅，孫劉聯盟將毀於一旦。

周瑜之死，諸葛亮在荊州夜觀天象時已經看到。為了彌合孫劉聯盟之間的裂縫，他決定冒險過江祭弔。

周瑜靈前充斥著冷酷的殺氣，東吳將領握劍在手，大有一觸即發之勢。但是，諸葛亮對眼前隨時會出現的殺身之禍視而不見。他親自奠酒，跪於周瑜靈前哀讀祭文，然後伏地大哭，淚如泉湧。祭文入情入理，令人聲淚俱下，增加了肅穆哀痛的氣氛，化解了一片殺氣。東吳諸位文臣武將的怒氣變成疑問，疑問變成感動，相互議論：「人盡道公瑾與諸葛亮不睦，今觀其祭奠之情，人皆虛言也。」魯肅也在心中說：「諸葛亮自是多情，乃公瑾量窄，自取死耳。」諸葛亮靈前痛哭，冰釋了孫劉兩家的前嫌。

諸葛亮若不去柴桑口弔唁，而是派其他人去，氣氛可能就不會那麼僵，但前去弔唁的人一定完不成此行的重任。弔唁一事誰都會，只要備下祭禮，作悲痛狀即可。關鍵是此次名為弔唁，實為彌合聯盟破裂之隙，諸葛亮是矛盾的焦點，他若不來，便達不到目的。很明顯，剛在荊州站住腳的劉備，與曹、孫兩家對比，勢力是最弱的，隨時可能遭受曹操的攻打，一旦再與孫權交惡，以「一角」對「兩角」，劉備不但無法入川取益州，甚至會重走過去那種東奔西跑、寄人籬下的老路。爭取保持同東吳的合作，無疑是擺脫被動局面的關鍵。因此，諸葛亮必須親身歷險過江弔唁，以個人之險換大局之安。

一個成功者的一生，必定是與風險拚搏的一生。事物的規律常是如此：風險越大，收益越高。王安石說：「夫夷以近，則遊者眾。險以遠，則至者少。而世之奇偉瑰怪非常之觀，常在於險遠，而人之所罕至焉，故非有志者不能至也。」險中有夷，危中有利，十次弄險，三次成功，或許就在全域上取得了勝利。如果一件事情風險小，許多人都會去追求這種機會，「僧多粥少」，因此利益也不會大。如果某件事情風險大，許多人會因危險而卻步，因此競爭對手少，一旦成功，冒險者能得到的利益就會大些。

人生到底需不需要冒風險而行，我們從不同的情況分析可以得出不同的結論。一件事情做起來風險極大，且此事關係人生大局、個人安危、事業成敗，甚至關係到國家、民族、民眾的利益。冒風險可能取得成功，不冒風險則必敗無疑。在這種情況下，就非得橫下一條心去冒險。

也許你是一位安於現狀的人，不求轟轟烈烈，只求安安穩穩。但不想冒險只是你的一廂情願，因爲風險仍會降臨到你頭上。安於現狀，步人後塵，人云亦云，看似保險，實則危險。在當今社會，任何停滯不前，實質上就是退步。做事因循守舊，不圖革新，即使環境不變，你亦將漸漸落後。

冒險不等於蠻幹，也要講究科學的方法，要詳細掌握主客觀情況，再進行分析判斷。在總體方向把握住之後，在行動上要做好充分的準備，穩妥行事，盡可能細化自己的方案，並制訂切實可行的應急措施，以防不測。諸葛亮敢於過江祭吊周瑜，是因爲他對自己的一言一行作了周密的計畫。諸葛亮過江沒有帶兵士，只帶趙雲一人，以趙雲之威壓東吳眾將之膽，以防不測。他的一篇祭文更是如泣如訴，情深意長，以發自內心的悲傷化解了東吳諸將的敵意。所以說，諸葛亮過江雖然冒險，但決非蠻幹。

自古以來，沒有無備取勝的軍隊，卻有以「冒險」成功的將軍。敢冒險不等於毫無準備地亂闖，冒險者必須做好力所能及的準備，制訂應變措施，不可聽天由命，更不可心存僥倖心理。

2 做事果斷，搶佔先機

人的一生，經常會遇到許多難以決定的事情，而這種事情往往都是些「大事」。這時，我們最需要的就是果斷。但果斷不是所有人都能做到的，沒有平時知識、經驗的積累，沒有成熟的做人原則，沒有明辨是非的能力，那麼關鍵時做到果斷無異於癡人說夢。

周瑜把曹操的南征大軍殺得落花流水，心裡很是得意。於是他整頓軍馬，準備乘勝攻取南郡。孫乾奉劉備之命前來獻禮道賀，周瑜聽孫乾說劉備屯兵油江口，便知劉備也有取南郡的意思，心中十分氣憤，乃假借道謝敗曹之事，來和劉備談判。

劉備問諸葛亮，周瑜親自道謝所為何意？諸葛亮說，周瑜是為南郡而來。隨後，諸葛亮便為劉備想了個辦法：擺開戰船，讓趙雲前去迎接。周瑜、魯肅到了油江口，由趙雲迎接，劉備設宴相待。雙方談到取南郡的事情時，劉備說曹仁守南郡，不好對付。周瑜說：「我要取不了南郡，任你去取。」

周瑜派蔣欽為先鋒，徐盛、丁奉為副將，很快便攻下了彝陵，隨後引軍進攻南郡。曹仁心裡焦急，打開了曹操留下的錦囊妙計，依計而行，把城中兵馬全都撤出城，在城牆上遍插旌旗，虛張聲勢。第二天，吳軍攻城，曹仁、曹洪假敗，吳軍繼續追擊。周瑜見城門大開，便引軍進入城中，不料兩邊箭如雨下，周瑜中箭，被部下救回。曹仁、曹洪乘勢兵分兩路殺回，大敗吳兵。

周瑜中的是毒箭，軍醫讓他靜養，要是發火動怒，就更難痊癒了。曹仁料周瑜傷重，天天令軍士在外叫罵，周瑜十分憤恨，帶兵出戰，還未交鋒，周瑜忽然大叫一聲，口噴鮮血掉下馬來，被部將救回。吳軍剛撤兵回營，便掛孝舉喪，詐稱周瑜死了。

曹仁得知，便決定夜裡去劫寨，不料中了周瑜的計，被吳軍殺得大敗而逃。吳軍滿心歡喜，直奔南郡，卻見城上旌旗飄揚，刀槍鮮明。大將趙雲叫道：「我奉軍師將令，已取了城，請都督不要責怪！」周瑜大怒，下令攻城，卻被城上亂箭射回。周瑜滿腔怒火未息，派甘寧帶幾千人馬去取荊州，凌統取襄陽。軍馬還未出發，探馬來報說，諸葛亮用繳獲的曹軍兵符調出荊州、襄陽之兵，叫張飛奪了荊州，關羽攻下了襄陽。周瑜一聽，大叫一聲，箭瘡迸裂，口吐鮮血，氣昏倒地。

過了幾天，周瑜要起兵攻打南郡，被魯肅勸住。魯肅說：「待我去見劉備和他理論，說不通再動兵也不遲。」魯肅見劉備、諸葛亮，說東吳費了錢糧軍馬，打退曹兵，荊襄九郡理應歸東吳。諸葛亮說：「荊襄九郡本是劉表的地方，劉備以叔父的名義幫助其子劉琦取回荊州，有什麼錯？」魯肅無話可說，只說若劉琦不在了，請劉備把荊州還給東吳。魯肅連夜回寨見周瑜，把經過告訴了他，周瑜一聽，又覺煩惱。這時，孫權召周瑜回師，周瑜只好撤兵。

人生不能任由命運擺佈，無論面對何種情況，必須及時做出決策，果斷處理。《三國》中如果劉備、諸葛亮猶豫不決，死等周瑜與曹軍作戰結果出來再做決定，荊州恐怕永遠不屬於他們。可見，一個遇事唯唯諾諾、瞻前顧後的人是懦弱的，是無論如何也成就不了大事的。一個人想要在生活中、事業上有所成就，就必須擺脫這些不良習慣。

3 敢於亮出自己

一個人懷才不遇，可能是由於自己的才華沒有被人發現，也可能是雖胸懷大志，文韜武略，但生不逢時。不過，無論是哪種情況，懷才不遇者總要忍受一時的貧窮和困苦，忍受住自己的不得志，不能為了眼前的功名利祿，放棄自己的追求。

「人往高處走，水向低處流」。諸葛亮的朋友們，紛紛各謀高就。號稱「鳳雛」的龐統，數次下江東，與江東的周瑜、魯肅等人有交往；石廣元、孟公威二位好友，也已整裝北上，投身曹操；一向與諸葛亮十分友善的徐庶，因母親年老體衰，便暫時在劉表那裡謀職以侍奉老母；諸葛亮的二姐夫龐山民，也在曹操府裡任職；而諸葛亮的哥哥諸葛瑾，也頗得孫權器重。

只有諸葛亮，仍然像蟄伏的「臥龍」那樣，隱居山野。在他看來，世亂紛爭，人各有志，每個人都會找到適合自己的位置，自己才如管仲，智比樂毅，只要得天時、地利、人和其一，就能像周公、姜子牙那樣，幹出一番蓋世的功業。果然，不久後，求賢若渴的劉備「三顧茅廬」請他出山。

在對天下總體形勢和五大集團具體形勢進行分析的基礎上，諸葛亮為劉備做出了成就霸業、興復漢室的戰略決策：「跨有荊、益，保其岩阻，西和諸戎，南撫夷越，外結好孫權，內修政理；天下有變，則命一上將將荊州之軍以向宛、洛，將軍身率益州之眾出於秦川，百姓孰敢不簞食壺漿，以迎將軍者乎？誠如是，則霸業可成，漢室可興矣。」

諸葛亮為劉備所做的這個決策，可以概括為四句話：跨有荊益，聯孫抗曹，待機北上，興復漢室。他在《隆中對》中對天下形勢的分析和所做的戰略決策，體現了他統觀全域、預測未來的偉大政治才能。他如同一位總設計師，為劉備建構了政權大廈的總體藍圖和具體的實施步驟，同時也亮出了自己，給自己的人生交了一份完美的答卷。

其實，人生在世，處處都是機會，就看你自己能不能把握。「天生我材必有用」，只要一個人有一技之長，便有發揮的地方。所以，善於「亮出自己的才華」是一種走向成功必不可少的本領。成功者都認識到這個道理，並且留意在心，所以他們都是積極表現自我的典範。為了更積極地自我表現，我們現在應該立即做的是：

．端正對自己的認識

客觀地看待自己十分重要，不要欺騙自己，發現自己的優點並很好地利用它。

．積極地評價自己

加深對自我價值的認識，並將他傳播給他人，談論自己的事情應該有自豪感。

．大膽地期待自己

當我們燃起熱情時，熱情會立即傳播到周圍，大多數人肯定會對我們的熱情表現出敬意。

．明確地設立目標

在紙上寫出自己的目標，與對實現目標有說明的人探討。

．刻苦地訓練自己

清醒地意識到自己當前的目標，在自己腦中設想逐步實現目標的自己。在放鬆的狀態下，多次重複上面的訓練。當然，時代不同，有些人縱然有濟世奇才，也可能因為時運不濟而暫時報國無門，但他們依然有顯露才華的機會，只要他們時刻準備亮出自己。

4 關鍵時刻敢於出招

在一些別人束手無策的緊要關頭，我們能夠挺身而出，並且使問題迎刃而解，那麼別人就會從此對我們另眼相看。

建安十二年，曹操率軍南下。劉備大驚，率軍匆匆南撤，帶領士兵和逃難的百姓向江陵一帶撤退。

這時，曹操已經佔領江陵，並將順江而下。諸葛亮向劉備建議：「形勢十分危急，請讓我求救於孫將軍吧！」

不久，魯肅引諸葛亮見周瑜，談及戰和之事，周瑜詳述其主張投降的道理，魯肅則陳述其主張抗戰的理由，二人爭得面紅耳赤，諸葛亮卻在一旁袖手旁觀。周瑜問諸葛亮有何高見。

諸葛亮冷冷地說：「將軍降曹，可以保妻子，全富貴。」這話表面是贊成周瑜的意見，實則是對他的諷刺。

魯肅不知底細反大怒說：「汝教吾主屈膝受降於國賊乎！」諸葛亮獻計說：「不

勞牽羊擔酒，納土獻單，亦不必親自渡江，只要遣一介之使，以扁舟送兩個人到江北。曹操若得此二人，百萬之眾，皆卸甲卷旗而退矣。」周瑜問是哪兩個人，諸葛亮說乃江南二喬。周瑜說：「曹操欲得二喬，有何證驗？」

諸葛亮說：「曹操幼子曹植，字子建，下筆成文。曹操曾命其作一賦，名曰《銅雀台賦》。賦中之意，單道他家合為天子，誓取二喬。」

於是他誦《銅雀台賦》，把原賦「連二橋於東西兮，若長空之蝃蝀」改為「攬二喬於東南兮，樂朝夕之與共」。

周瑜聽罷勃然大怒，離座指北而憤憤罵道：「老賊欺吾太甚！」

諸葛亮急忙勸道：「昔單于屢侵疆界，漢天子許以公主和親，今何惜民間二女乎？」

周瑜說：「公有所不知，大喬是孫伯符將軍主婦，小喬乃周瑜之妻也。」

諸葛亮佯作惶恐之狀，說：「亮實不知，失口亂言，死罪死罪！」

周瑜說：「吾與老賊勢不兩立！」他要求諸葛亮助其一臂之力，共破曹操。本是諸葛亮求助於周瑜，現在反是周瑜求助於諸葛亮了。

諸葛亮的一番妙語，激起了周瑜與曹操決戰的決心，由此，諸葛亮的「心機」

智謀得到了充分的體現。

諸葛亮改賦，初看小手筆，實爲大動作。正是這些小手筆中，決定了未來的戰爭發展趨勢。智者之所以爲智者，就在於他能將小手筆轉化爲大動作。

關鍵時刻的難題最能考驗人，所以我們必須具備迎難而上的勇氣。有的人確實有才能，但由於害怕困難，或者採取明哲保身的態度，因此不敢在緊要關頭站出來，自己的才能也就不會被人發現。

第十一章

做人要一步一個腳印

諸葛亮知道腳踏實地的重要性。未出山前，他像蟄伏的「臥龍」一樣隱居山中，勤奮苦讀；出山後，他又一步一個腳印地實現自己當初為劉備設定的宏偉藍圖，讓自己的人生發出閃耀的光芒。

1 早起的鳥兒有食吃

俗話說：「種瓜得瓜，種豆得豆。」天下沒有不勞而獲的東西，也沒有空手可得的成功。如果你想體會收穫的喜悅，就必須經得起長久的付出與持續的努力。

出山前，諸葛亮過著安定清淨的耕讀生活。閒暇時，他閱讀了大量的史書，鑽研諸子百家，尤其是法家的學說，注意從歷代王朝的興衰成敗中總結經驗教訓。他還經常與一些學者朋友切磋學問，討論天下大事。他很留心觀察當時的政治局面，瞭解政治、軍事鬥爭形勢的發展，從而形成了自己的政治觀點和政治抱負。在荊州地區，他結交了不少的朋友，如徐庶、石廣元、孟公威等人。他們都厭惡當時的腐敗政治和戰亂不休的局面，都有改善政局、安定天下的抱負。他們經常在一起讀書吟詩，談古論今，問學辯難，砥礪志氣。朋友們對諸葛亮評價很高，認為他「少有逸群之才，英霸之器」，諸葛亮也常常自比管仲、樂毅。他在山中居住了十多年，隨著年齡、閱歷、學識的增長，政治思想也逐漸成熟。廣泛的社會交往、名士的垂青及朋友的宣傳，使他的社會影響不斷擴大，人們尊稱他為「臥龍」先生。這為他將來實現自己的政治抱負奠定了基礎。

漢獻帝建安六年，劉備被曹操擊敗後，到荊州投靠劉表，劉表讓他屯兵新野，數年沒有發展，劉備鬱鬱不得志。徐庶投奔劉備，劉備很器重其才能，加以重用。徐庶對劉備說：「諸葛孔明者，臥龍也，將軍豈願見之乎？」劉備說：「君與俱來。」徐庶說：「此人可就見，不可屈致也。將軍宜枉駕顧之。」於是，劉備親自前往山中去拜訪諸葛亮，一共去了三次，才見到諸葛亮。

諸葛亮知道劉備是漢朝宗室中的賢才，又見他如此誠心求賢，覺得他是個可以輔佐的明主。因此，當劉備摒退左右，向諸葛亮詢問該從何處著手才能完成興復漢室的大計時，諸葛亮指出，曹操已擁兵百萬，有「挾天子以令諸侯」的政治優勢，目前不能與之爭鋒，而孫權可以援而不可圖。根據當時的政局，諸葛亮提出：「若跨有荊、益，保其岩阻，撫和戎、越，結好孫權，內修政治，外觀時變，則霸業可成，漢室可興矣。」諸葛亮深入、全面地為劉備規劃出今後正確的戰略決策。劉備聽後大為讚賞，他對諸葛亮的謀略才幹十分佩服，兩人的關係日益親密。關羽與張飛認為諸葛亮沒有立過汗馬功勞，只會空談，因此對劉備的做法表示不滿，劉備向他們解釋說：「孤之有（諸葛）孔明，猶魚之有水也。願諸君勿復言。」關羽和張飛這才停止發牢騷。

在諸葛亮的輔佐之下，劉備終於扭轉了以前處處被動挨打的局面。按照諸葛亮在《隆中對》中提出的戰略方針，劉備與孫權結為同盟，在赤壁一戰中擊敗曹操的南征大軍，隨即劉備又通過各種手段取得荊州作為立足之地。以後，劉備又進取益州，終於建立起蜀漢政權。局勢的發展變化，充分說明了人才的重要性。從此以後，「三顧茅廬」成為統治者謙恭下士，誠意求賢的同義語。

勤奮的人是時間的主人，懶惰的人是時間的奴隸。人一味貪圖享受，就會養成懶惰的習性，因爲享受不需要奮鬥拚搏。然而懶惰會使人的生命白白浪費掉，一生無所作爲。懶惰的人總會拖延自己應該做的事情。所以，要想讓你的生命有意義，就必須戰勝懶惰，選擇勤奮。

2 意志力是你奮鬥的血液

你所認可的成功，可能是耗盡你一生的事情。即使某一天你達到了自己的目標，仍然會有另一個成功在召喚著你。這樣說來，對於一個積極的人來說，成功的道路漫漫無涯，這其中的風風雨雨、酸甜苦辣只有自己才能瞭解，別人爲你分擔的也只有一點點而已。誰都替代不了你，你需要做堅強的自我。

培養堅強的意志，就是自救的最有效辦法。成功道路上每一個障礙的克服，都離不開意志力。意志力不是與生俱來的，也不是虛無縹緲的，它是一種能夠培養和發展的技能，是成功者必備的特質之一。

平定南中後，諸葛亮加緊訓練兵馬，準備北伐。西元二二六年，魏文帝曹丕病死，其子曹睿初繼帝位。諸葛亮抓住這一大好時機，於第二天春天率領大軍開往漢中一帶。

西元二二八年春，諸葛亮開始北伐，他決定先取隴右，再下關中。為了迷惑魏軍，諸葛亮採取聲東擊西的策略，聲稱要從斜谷出兵攻打郿城，並派趙雲、鄧芝帶一隊兵馬作為疑兵，進軍斜谷道，裝出一副要攻取郿城的樣子。而諸葛亮自己則暗中親率大隊人馬，突襲魏軍據守的祁山。蜀軍經過幾年時間的養精蓄銳，兵強將勇，戰陣整齊，號令嚴明，銳氣很盛，所到之處，勢如破竹，一舉攻佔祁山。祁山以北天水、南安、安定三郡守軍，相繼俯首投降。諸葛亮在冀縣一帶收降了後來成為西蜀名將的姜維，但整體的戰略計畫卻因為馬謖丟失街亭而失敗。

西元二二八年冬，曹魏大將曹休被東吳鄱陽太守周魴用計打敗。魏軍大部分主力軍東下救助曹休，使得關中空虛。諸葛亮乘此時機，又親率大軍殺出散關，包圍了陳倉。陳倉地勢險要，易守難攻，是古來兵家必爭之地。陳倉守將郝昭很有謀略，魏蜀兩國士兵激戰二十多天，蜀軍糧草將盡，又探得曹魏救兵也將趕到，諸葛亮下令退兵。魏國將軍王雙恃勇輕敵，領兵窮追，被諸葛亮設伏斬殺。蜀軍退兵回到漢中。

西元二二九年春，諸葛亮第三次北伐。鑒於前兩次遠攻失利，這次他採取了近取固本的方案。他派部將陳式進兵攻取武都、陰平二郡，親統大軍繼後，率軍西上，以策應陳式。當魏國雍州刺史郭淮從隴西起兵進擊陳式時，諸葛亮大軍突然兵臨建成，驚走郭淮，攻取二郡。諸葛亮留兵駐守，又對當地民眾做了一番安撫工作，然後收兵返歸漢中。從此，武都、陰平二郡正式納入蜀漢版圖。

西元二三一年春，諸葛亮第四次北伐。他命李嚴往漢中督辦糧草，供應前方，自己親率大軍團團包圍了魏軍固守的祁山。魏主曹睿得訊，立即派司馬懿率大軍火速營救。諸葛亮聽後，果斷地留下王平帶部分精銳軍馬繼續攻打祁山，而自己親率蜀軍主力迎戰。

兩軍遭遇，蜀軍擊敗魏軍，趁勢命三萬精兵把隴上小麥割完，運到鹵城打曬去了。司馬懿與副都督郭淮議定，發兵兩路攻打在鹵城打曬麥子的蜀軍。魏軍乘夜來到鹵城下，把城圍得鐵桶一樣。司馬懿傳令攻城，豈知諸葛亮早有防備。城上萬弩齊發，矢石如雨，魏軍不敢前進。正在這時，四面火光沖天，喊聲震天，四路伏兵一齊殺來。鹵城四門大開，城內蜀軍殺出，裡應外合，大敗魏軍。司馬懿引敗軍奮死殺出重圍，佔領了一座山頭。郭淮也領著敗兵到山後紮營，堅守不出，與蜀軍遙遙相對，以期蜀軍糧盡後再戰。與此同時，司馬懿一面令郭淮去偷襲劍閣，切斷蜀軍糧道；一面發檄文星夜往雍、涼兩州調撥人馬。豈知諸葛亮已先派重兵把守劍閣。郭淮見蜀軍有準備，只好退兵。

雖然最後諸葛亮北伐中原失敗，演了一齣「出師未捷身先死，長使英雄淚滿襟」的歷史悲劇。但這數次北伐，充分證明諸葛亮是個意志很堅強的人，而他留給後世的那篇飽含真情的《出師表》，除了酣暢淋漓地傾訴了自己對蜀國的忠誠之情，還充分表達了他北伐中原、興復漢室的超強意願。

意志力是你奮鬥的血液。沒有堅強的意志，你會覺得癱軟無力，委靡不振。磨煉自己的意志，認清每次挫折對成功的意義，不僅要掃清這些障礙，更要真正地利用它們。擁有堅強的意志，就像爲你的奮鬥插上了一雙翅膀，使你能在旭日的彩霞中熠熠生輝，翱翔在成功的征途上。

3 一步一個腳印地向前走

如果你想成就一番偉業，那麼在確立遠大的目標之後，你就應該靜下心來，認認真真、腳踏實地地開始自己的行程。在通往成功的路上，你不要夢想一步登天，如果基礎不牢，你的成功就會如「空中樓閣」一樣，搖搖欲墜。

袁術本是東漢末年軍閥勢力中實力最強的人物，此公憑藉袁家的勢力，據有江淮之間的廣大土地，兵糧足備。袁紹在成為北方最大割據者的同時，袁術也成了南方最大的割據者。袁術優越的條件，應該說是有希望在軍事競爭中獲取最終勝利的，然而他卻是諸多割據者中衰亡較早的一個。縱觀袁術言行，可知他在管理自己的軍事集團時，缺乏腳踏實地的作風。

東漢皇帝的傳國玉璽，在皇宮內亂之際曾一度遺失。在各路諸侯討伐董卓時，被孫堅於宮內一枯井中打撈而得。孫堅跨江擊劉表身死，其子孫策引部眾投奔袁術，成為袁術手下能征慣戰的勇將。袁術待孫策甚傲，孫策亦非久居人下之人，他想從袁術手裡借幾千兵馬，返回江東獨創事業，因恐袁術不肯，就留下亡父孫堅的傳國玉璽作為質當。

袁術想得到這塊玉璽為時已久，見了玉璽，喜不自勝，不僅借三千兵、五百匹馬給孫策，還表孫策為折衝校尉、殄寇將軍。原來，袁術早有登基稱帝的野心，得了傳國玉璽，在他看來，就意味著天命所歸，當皇帝的理由就更充分了。

果然，過了一段時間，袁術再也耐不得寂寞，建號仲氏，立台省等官，祭天祭地，迫不及待地當起了皇帝。為了駁斥屬下的反對，袁術找了幾條理由，為稱帝之舉辯解：一是與漢高祖劉邦相比。「昔漢高祖不過泗上一亭長，而有天下」，二是漢朝「今歷年四百，氣數已盡，海內鼎沸」，三是「吾家四世三公，百姓所歸」，四是「吾袁姓出於陳，陳乃大舜之後，以土承火，正應其運」，五是「又有傳國玉璽，若不為君，背天道也」等數條理由，可謂振振有詞。細察起來，卻均屬子虛烏有。

作為一個軍事集團的首腦，袁術不思扎扎實實地整頓內政，有條理地消滅競爭對手，不待時機成熟，得了玉璽就登基稱帝。在對待玉璽的態度上，袁術遠不及孫策明智。孫策深知，玉璽雖是寶物，但它的價值遠不如幾千兵力，玉璽說到底不過是塊鑲金的石頭，而兵力卻是他賴以創業的基礎。孫策脫離袁術回到江東後，將全部精力投入到掃滅大小割據勢力，不斷增強孫氏集團實力的鬥爭中去，創建了東吳基業。

袁術死後，玉璽落入曹操手中。曹操雖然也大喜了一番，卻沒有做出稱帝之舉。曹操做事，非常注重必要性和可能性，他並非沒有做皇帝的野心，只是擔心遭到擁護漢帝的官吏們的反對和成為割據者的眾矢之的。待到北方完全平定，曹操才於建安十七年受爵為魏公，建安二十一年進位為魏王。曹操稱魏公時曾遭到荀彧、崔琰的反對，他們都是曹操的心腹謀士，特別是荀彧，是曹操的第一謀士。連他們都反對曹操稱公稱王，可見當時的人並未忘漢。後來，孫權遣使給曹操上書，言天命已歸曹操，望曹操早正大位。曹操看完後大笑，說：「是欲使我居爐火上耶？」下屬們有的也勸曹操登基稱帝，曹操說：「苟天命在孤，孤為周文王矣。」就這樣，並非不想稱帝的曹操至死也未稱帝，原因是時機不成熟。

當時，漢朝皇帝雖無力統御四方，然而漢獻帝的名號尚在，類似袁術那樣的割據者，天下還有許多。袁術不聽屬下諫阻，迫不及待地登上了皇帝寶座，於是招來了滅頂之災，在曹操、呂布、劉備的合力攻擊下，兵敗疆場，絕食而亡。袁術視玉璽重於兵力，視皇帝名號重於實力，為人狂妄自大，不自量力，失敗是必然的。

一個人要想成就自己的事業，就必須按照這樣一個公式去做：成事之法＝敬業精神＋腳踏實地。很顯然，一個缺乏敬業精神的人，只能以懶散粗心的態度去應付工作，以「東一榔頭西一棒子」的方法去隨心所欲地做事，這樣做的結果是成事不足，敗事有餘。而你若以正確的「心機」去面對工作，任勞任怨，腳踏實地，就能心想事成。

敬業，不僅僅是事業成功的保障，更是實現人生價值的「心機」。有的人總是不滿意自己目前的職業，希望改善自身處境，卻往往不知道自己真正的出路在哪裡，自己到底能夠幹什麼。

世界上沒有不勞而獲的事情，所有的成功都是腳踏實地努力的結果。

4 小心謹慎不吃虧

松下幸之助有句名言：「越是順利越要謹慎。」他認爲，身爲領導者，如果沒有這種覺悟，就無法瞭解勝利後還要振作的意義。如果是這樣的人來擔當領導重任，那絕對勝任不了。失敗之後謹慎容易，而勝利之後還能保持警覺的心態就難了。

諸葛亮在《出師表》中也說：「先帝知臣謹慎，故歸崩寄臣以大事也。」謹慎，的確是諸葛亮爲人做事的一大特點。

諸葛亮一向注重從現實出發，沒有把握的事，他一般不做。不與曹操、孫權爭鋒，專心集中力量奪取荊益二州，是諸葛亮謹慎治事的表現之一。

聯吳抗曹，是諸葛亮謹慎治事的表現之二。劉備實力太弱，單獨擊敗曹操是不可能的，必須選擇一個可靠的後援，而強大的孫權則是最佳選擇。只有孫劉兩家聯合抗曹，方能阻止曹操向南方發展的勢頭。赤壁之勝，就是孫劉聯盟的結果。劉備彝陵之敗後，諸葛亮力排眾議，重新與孫權和好，使蜀國免除了後顧之憂，得以專心對付北面的曹操。

南征孟獲，是諸葛亮謹慎治事的表現之三。南方少數民族首領孟獲造反時，正值諸葛亮治蜀有方，「軍需器械應用之餉無不完備，米滿倉廒、財盈庫府」，大舉伐魏的時機已經成熟之時，是南征還是北戰？諸葛亮選擇了前者，為的是先掃除北伐的後顧之憂。諸葛亮採取攻心的方式與孟獲作戰，也是為了避免以後北伐曹魏時，後院起火。

北伐曹魏，採用穩紮穩打，保存實力，相機破敵的方針，是諸葛亮謹慎治事的表現之四。當時荊州已失，蜀國賴以伐魏的路線，只有一條蜀道，行軍不便，補充給養也困難。而且這條路一旦被切斷，蜀軍就無法退還，只有束手待斃。因而諸葛亮在行軍作戰時非常謹慎。

蜀國地小兵少，再也經不起彝陵那樣的打擊，在兵力使用上也必須謹慎。諸葛亮的主要對手司馬懿，才智過人，善於用兵，諸葛亮必須時刻留心，稍有不慎就會為之計算。後主劉禪是個無用之人，因此千斤重擔都壓在諸葛亮身上，若鋌而走險，一旦不測，整個蜀國就會覆滅。

正因為諸葛亮的謹慎，劉備才得以擁有一份基業，也正因為諸葛亮謹慎治事，弱小的蜀國，才能在客觀形勢極為不利的情況下，與魏吳兩強對峙四十餘年。

《三國演義》中因爲麻痹大意而失敗的例子不勝枚舉。關羽大意失荊州，袁紹烏巢之糧被焚，曹操兵敗赤壁，劉備七百里連營付之一炬，就連以謹慎著稱的諸葛亮本人，也曾因爲用人不慎，致使戰略要地街亭丟失。

現代管理者之所以不能摒棄謹慎，首先是由管理者所處的特殊地位決定的。管理者的行爲舉措，不僅關係到管理者個人，還關係到管理者所在的整個組織。認識到這一點，也就明白了慎重行事的重要性。作爲管理者，疏忽大意，輕舉妄動，都會導致全域的失敗。

管理者之所以必須具備謹慎的「心機」，也是由現代管理的艱巨性和複雜性決定的。現代社會中，環境越來越複雜多變，管理工作往往處在多因素、多結構、多變化的困擾之中。面對各種各樣的新情況、新問題，管理者必須審時度勢，權衡利弊，於千頭萬緒之中，找出問題的關鍵所在。如果沒有謹慎行事的「心機」，就無法在艱巨複雜的局面中實施卓有成效的管理。

5 確定一個詳細的行動方案

大到人生路，小到一件事，都應該有所規劃，這樣才能不走冤枉路。

在這個世界上，大多數人不能達到自己目標，這是因爲他們沒有制訂一個詳細的、能說明他們實現目標的計畫。即便有了計畫，也把它看作是無法實現的。也就是說，他們的失敗是因爲他們不按計劃去做。

成功者則正好相反，他們走的每一步都有一個詳細的計畫，並堅定不移地執行著這個計畫。

《三國演義》中記載，諸葛亮出仕後的第一件大事就是策劃火燒博望坡，擊敗曹營大將夏侯惇。

博望坡位於汝南地區，界於劉備當時防守的新野和曹操所佔據的豫州之間。當時，劉備在汝南地區打遊擊牽制曹軍後方，令負責豫州防守的曹營大將夏侯惇非常頭痛，因此在得到曹操批准後，他率十萬大軍向新野殺去。

張飛聽說曹軍殺來，對關羽說：「讓大哥派諸葛亮前去迎戰吧，看他到底有多大能耐。」因為劉備對諸葛亮倍加重視，而冷落了關、張兩人，所以二人很不服氣，正好劉備召他們去商討迎敵之計，張飛便建議讓諸葛亮去迎敵。劉備說道：「謀略上我靠孔明，但衝鋒陷陣還靠兩位賢弟，如今你們怎麼能把責任推給孔明呢？」二人聽後，無話可說。

劉備又單獨召見諸葛亮，商議退敵之策，諸葛亮擔心關、張兩人不肯聽他的號令，於是請劉備授予他劍印。隨後，諸葛亮便召集諸將聽令迎敵。

諸葛亮仔細分析了當時的情況，決定派關羽領兵埋伏在博望坡左面的豫山，但引而不發，故意放過曹兵。由於曹兵糧草在後，所以他令關羽看到南邊火起之後，再出兵焚燒其糧草。令張飛領兵埋伏在博望坡右面的安林，等火起後，也去博望坡屯糧草處縱火焚燒。令關平、劉封領五百士兵，帶上引火之物，埋伏在博望坡後面的兩側，等曹軍到來之際，縱火燒之。又令駐守樊城的趙雲為前鋒迎敵，但許敗不許勝。最後，諸葛亮讓劉備親自率兵作為後援。

號令完畢，關羽忍不住問道：「我們都前往迎敵，那軍師去幹什麼呢？」諸葛亮說：「我只管坐守新野縣城。」張飛一聽，大笑道：「我們都去廝殺，你卻在家裡坐著，真是好不自在啊！」諸葛亮大聲說道：「主公的劍印在此，違令者斬！」劉備也對關羽說：「你難道沒有聽過『運籌帷幄之中，決勝千里之外』這句話嗎？二弟，你不可違令。」於是，諸將皆領命而去。然而，連劉備也不明白諸葛亮的用兵之計，但見他連慶功的宴席都安排人去準備了，連功勞簿都已拿在手中，一副成竹在胸的樣子，即使疑惑不定，他還是準備應戰去了。

結果，劉備所部在博望坡一把火燒得夏侯惇慘敗而逃，也令關羽、張飛等人對諸葛亮刮目相看，從此號令必遵，計無不從。

諸葛亮之所以能初戰告捷，與他「運籌帷幄」的大智慧不無關係。諸葛亮知道自己身處軍師之職，應該擔負起策劃謀略的重任。從他採用「先果後因」的作戰計畫，足以看出他的「足智多謀」。正是這種運籌帷幄的大智慧，使諸葛亮大獲成功，贏得劉備的信任，也讓關、張諸將心服口服。

把夢想變爲行動，把行動寫成計畫，爲計畫充實細節，把細節排出步驟，並相應制訂第二套方案，以防第一套計畫的失敗。更重要的是，按照計畫一絲不苟地工作，使它們逐步成爲事實。

第十二章 別讓情緒誤了你

只有沉得住氣的人，才可以把事情做得踏踏實實、穩穩當當，這讓我們想起了曾國藩的人生哲學，就是善用一個「氣」字，一個「穩」字，所以，他能成為「中興之臣」。諸葛亮遇事也是能沉得住氣，所以，他才能遇事寵辱不驚，在最恰當的時候冷靜地做出決斷。

1 寵不喜，辱不懼

世上之人，無論是位居顯要者，還是平頭百姓，做人做事總不免會遇到這樣或那樣的境況。既不可能倒楣一世，也不可能風順一生。那麼，人順利的時候，該以怎樣的心態處事，而面臨困厄艱險的時候，又該拿出怎樣的氣度呢？

諸葛亮答曰：「沉著冷靜，控制情緒，不爲情勢失理智。寵不喜，辱不懼！」

章武三年對於蜀漢來說，是個災難深重的多事之秋。蜀漢集團的頂樑柱——劉備，在這一年死於永安宮。

劉備一死，魏國君臣上下皆想乘虛而入，入侵蜀漢。魏主以司馬懿掛帥，兵分五路，直取西川。眼看大兵壓境，蜀漢的江山馬上就要更名改姓。後主劉禪驚魂不定，朝中百官惶惶。

眾人退兵無策，只能將全部希望寄託在諸葛亮身上。這時的諸葛亮如果沉不住氣，說不定蜀漢朝野真的要亂成一鍋粥。然而，諸葛亮在困境面前表現出了一種處變不驚的大將風範。

當後主親赴府上詢問退兵之策時，諸葛亮泰然自若地「大笑」，還若無其事地邀後主斟飲數杯，然後才不急不緩地說出了退兵之計。諸葛亮在危難面前不慌神的風範，敵兵犯境時穩授良策的舉動，讓蜀漢君臣吃了一顆「定心丸」。穩住了陣腳的蜀軍同仇敵愾，最後成功抵禦住了敵人五路大軍的進攻。

成大事者當「成不驕，敗不餒；順不喜，困不懼」。碰上順境也好，陷入逆境也罷，總會沉心靜氣，理智處事，不會因欣喜而癲狂，也不會因憂懼而失其志、亂其謀、滅其勇。

2 提高控制自我的能力

每個人都在努力使自己的生活過得更有意義，向著未來的目標奮進。但我們的情感往往傾向於獲得暫時的滿足，以至於總是反覆屈從於一種誘惑而無法堅持到底，這種錯誤的後果將影響人生的成敗。因此，善於做好自我約束和自我控制，絕不應該採取「今天愉快而不顧明天」的態度。

諸葛亮深知情緒如果不加以控制，就會釀成大禍的道理，因此，他在與自己的勁敵周瑜對決中，就很好地運用了情緒這一有力武器，最終贏得勝利。

銅雀台落成之時，曹操在銅雀台上大宴文武百官，忽報東吳使節華歆前來。曹操看罷表章，與謀士定計欲使孫、劉相互吞併。便上表保舉周瑜為南郡太守，程普為江夏太守，華歆為大理寺少卿。

周瑜就職南郡太守後，便上書孫權，命魯肅討回荊州，魯肅無奈，只好前往荊州。

魯肅來到荊州，劉備依諸葛亮之計放聲大哭，諸葛亮從旁說：「還了荊州，便無處安身。」觸動劉備心中傷處，令他大哭不止，諸葛亮於是要魯肅轉告孫權，暫緩討回荊州。

魯肅將實情告訴了周瑜，周瑜說：「你又中了諸葛亮的計了。」便要魯肅再去見劉備，說東吳將取西川給劉備，但劉備要把荊州交還東吳，並解釋說：「我不過以此為名，要劉備無所防備罷了。我軍以攻取西川為名借道荊州，便可乘勢殺了劉備，奪取荊州。」

魯肅再到荊州，說周瑜將率兵攻取西川以換荊州。劉備忙謝說：「我很感激，雄師到時，一定遠迎犒勞。」魯肅暗喜，辭別而去。

周瑜引水陸大軍五萬，往荊州出發，快到荊州時，見城上插兩面白旗，並無一人。周瑜便將船靠岸，領兵到城下察看。

忽聽一聲梆子響，城上一齊豎起刀槍。趙雲站在城樓上喊道：「孔明軍師已知都督的計策，所以留我在此守候。」探馬又來報，關羽、張飛、黃忠、魏延四路兵馬，從四面殺來。周瑜大叫一聲，舊瘡復裂，從馬上墜了下來，眾將急忙將他救回。

周瑜被救回船，軍士報告說劉備、諸葛亮在前面山頂上飲酒取樂，周瑜更加憤怒，咬牙切齒說：「你道我取不得西川，我偏要去取。」便令船隊上行，到巴丘時，探子報說：「上流有劉封、關平兩人領軍截住水路。」

周瑜正要出戰，諸葛亮忽然差人送信來。勸他不要去取西川，如曹軍乘虛而攻江南，江南就不保了。周瑜讀完信，口吐鮮血，他知道自己活不長了，便上奏孫權，推薦魯肅代替他的職位。周瑜死前歎氣說：「既生瑜，何生亮！」連叫數聲而亡，死時才三十六歲。

這就是歷史上赫赫有名的「三氣周瑜」之一。周瑜因爲不能很好地控制自己的情緒而最終搭上性命，可見控制情緒對我們來說至關重要。

要做到自我約束，必須抑制感情衝動。做事總憑著感情衝動，而不是靠理智與知識，是極其可怕的。

其實，控制情緒是有技巧的。

・養成從容不迫的習慣

我們在遇到令人憤怒的事情時，如果能保持從容不迫的態度，那麼，對任何事情都能應付自如。

偉大的人物多是一些「鎮靜」的高人。面對突然的變故，他們仍然能鎮定自若，因爲他們知道「慌則亂」的道理。因此，在變故面前，他們大都會大喝一聲：「慌什麼？」這句話一半是對別人說的，一半則是自我暗示。

・能夠從容面對羞辱

公然直接羞辱人的言語，不論是卑鄙的、惡毒的、殘酷的、無聊的、驚人的、小氣的，都有一個共同點——說話的人很衝動。應付這種人的最簡單的對策就是保持冷靜。

・親近自然

許多專家認爲，與自然親近有助於使人心情開朗。著名歌手弗・拉卡斯特說：「每當我心情沮喪、抑鬱時，我便去從事園林勞作，在與那些花草林木的接觸中，我的不快之感也煙消雲散了。」如果你沒有機會經常到戶外去活動，那麼，走到窗前眺望一下青草綠樹，也會對你的心情有所裨益。

‧積極樂觀

「一些人總是將自己的消極情緒和思想等同於現實本身。」心理學家米切爾‧霍德斯說，「其實，我們周圍的環境從本質上說是中性的，是我們給他們加上了或積極、或消極的價值，問題的關鍵是你傾向於選擇哪一種？」

3 慌，只會自亂陣腳

「空城計」的故事相信大家都聽過。

蜀漢丞相諸葛亮錯用馬謖，失去街亭後，身邊只有兩千五百名軍士駐守在西城縣。忽然，哨騎飛馬來報：「司馬懿引大軍十五萬往西城蜂擁而來。」諸葛亮登上城頭一看，果然塵土沖天，魏軍分路往西城縣殺來。這時，諸葛亮身邊無一員大將，只有一班文官，他立即傳令道：「將旌旗全部隱藏起來，軍士們分頭守衛在城上巡哨的崗棚，如有隨便出入城門及高聲講話的，斬！大開四個城門，每個城門用二十個軍士扮為百姓，打掃街道。魏軍到時，切不可亂動，我自有計謀對付。」

傳令下去後，諸葛亮披鶴氅，戴綸巾，引兩少年攜帶一張琴，來到城頭上，憑欄而坐，焚香彈奏。

魏軍的前哨急忙將情況報告司馬懿。司馬懿立刻命令軍隊停止前進，自己飛馬向前。果然見諸葛亮在城樓上，笑容可掬，焚香彈琴。左面一個少年，手捧寶劍，右面也有一個少年，手執拂塵。城門內外，僅有二十餘名百姓，低頭打掃，旁若無人。司馬懿看後懷疑城中有重兵埋伏，連忙指揮部隊撤退。

司馬懿的兒子司馬昭說：「莫非諸葛亮沒有多少兵力，故意為之，父親為什麼要退兵呢？」司馬懿板著臉說：「諸葛亮為人向來謹慎，從不冒險。今天大開城門，必定有重兵埋伏，我們若貿然衝進去，必定中計。你們懂得什麼？還不快退！」

諸葛亮見魏軍遠去，哈哈大笑起來。眾官員問他說：「司馬懿是魏國名將，今統率十五萬精兵來到這裡，見了丞相卻慌忙撤退了，這是什麼原因呢？」諸葛亮說：「他料定我平生謹慎，從不冒險，見我這樣鎮定，懷疑有重兵埋伏，所以退去。我並非在冒險，只因為不得不這樣做！」

大家敬佩道：「丞相的計謀，鬼神也不能預料。如果換了我們來指揮，必定會棄城而走。」諸葛亮說：「我們只有兩千五百人，如果棄城而走，走不遠就會被敵人追上。」

諸葛亮深諳慌亂只會自亂陣腳的道理，他清楚，此時跟司馬懿硬碰硬是不明智的。因此，憑著他對司馬懿的瞭解，還有他的鎮定自若，巧妙地唱了一齣「空城計」，留下了千古佳話。

人生充滿了風雨坎坷，我們在面臨諸多人生難題時，只有不慌不亂，從容不迫地應對，才能把做事的節奏牢牢控制在自己的手裡。下面我們來看一個真實的故事。

一個年僅十八歲的年輕人因為家庭貧困輟學，來到工地挖隧道，不料第一次走進隧道就遇到了塌方。

厄運突然降臨時，有人放聲大哭，有人想往上爬，他也差點控制不住自己。後來，他鎮靜了一下，決定試著控制局面，他努力使自己的聲音變得很沉穩：「我是新來的工程師，你們想活命嗎？想活命就聽我的。」黑暗中的人們漸漸安靜了下來。

之後，他向被困的四個人發號施令：一、大家必須聽他指揮。二、外面肯定在組織救援，但需要時間。三、睡覺休息，因為大家不可能搬動那些千斤重的大石，要保存體力。四、隧道裡到處都是水，有水就能活十幾天。不過他還是隱瞞了兩件事情：一是他進隧道時帶了兩個饅頭，現在已成了無價之寶；二是他有一塊電子錶，可以掌握時間。

三天過去了，隧道裡還是沒有一絲光亮，他把其中一個饅頭分成五份給大家吃。第五天，他們終於聽見隧道外隱約傳來鑽機風鎬的轟鳴聲。他趕緊把最後一個饅頭分給大家，然後命令四個人拿起工具拚盡全力往巨石上敲擊。

最終，幾個劫後餘生的人躺在了病床上，他們怎麼也不會相信，那個沉穩威嚴的「工程師」竟然是一個十八歲的年輕人。當記者採訪他時，年輕人說道：「在緊要關頭，只有冷靜才能救得了你。」

可見，遇事鎮定是一種良好的心理品性，是一種大家風範。一個人能夠做到遇事不慌不亂，不單單是一種勇氣，也是一種技巧，更是一種氣質。

常言道：「心慌事亂。」意思是說，遇到事情心中慌張只會使事情更亂、局面失控。做人，只有穩住內心的情緒，克制自己的神情，才能穩住大局、諸事順利。

4 怒是健康身上的一把刀

諸葛亮一出祁山，旗開得勝，得三城，收姜維，聲威大震。魏主曹睿大驚，急令曹真、郭淮為正、副都督，王朗為軍師，率十二萬軍馬迎擊蜀國。王朗時年七十六歲，是漢朝老臣，時任魏國司徒。

曹真與諸葛亮兵戎相見之前，王朗對曹真說：「來日可嚴整軍隊，大展旌旗。老夫自出，只用一席話，管教諸葛亮拱手而降，蜀兵不戰而退。」可見，王朗想用心理戰取勝。

第二天，兩軍列陣相迎。魏軍陣上，王朗乘馬而出，蜀軍陣上，孔明端坐車中，飄然而至。王朗先說：「久聞公大名，今幸一會。公既知天命、識時務，何故興無名之兵？」

諸葛亮一聽，這老頭子想必有話說，於是心中做好了打算，回道：「吾奉詔討賊，何謂無名？」這是第一個回合，雙方互為平手。王朗咄咄逼人，搬上了準備多日的說辭，想說服諸葛亮。

「天數有變，神器更易，而歸有德之人，此自然之理也。曩自桓、靈以來，黃巾倡亂，天下爭橫。降至初平、建安之歲，董卓造逆，傕、汜繼虐；袁術僭號於壽春，袁紹稱雄於鄴土；劉表佔據荊州，呂布虎吞徐郡：盜賊蜂起，奸雄鷹揚，社稷有累卵之危，生靈有倒懸之急。我太祖武皇帝，掃清六合席捲八荒，萬姓傾心，四方仰德，非以權勢取之，實天命所歸也。世祖文帝，神文聖武，以膺大統，應天合人，法堯禪舜，處中國以臨萬邦，豈非天心人意乎？今公蘊大才、抱大器，自欲比於管、樂，何乃強欲逆天理、背人情而行事耶？豈不聞古人曰：『順天者昌，逆天者亡。』今我大魏帶甲百萬，良將千員。諒腐草之螢光，怎及天心之皓月？公可倒戈卸甲，以禮來降，不失封侯之位。國安民樂，豈不美哉！」

王司徒一開始就講天數，以天命來壓人，為後面曹魏的名正言順鋪墊，指責西川叛逆順理成章，可謂用心良苦。繼而闡述西漢桓帝、靈帝以來的變革，設置「社稷有累卵之危，生靈有倒懸之急」這個陷阱，自然而然地引出太祖武皇帝（也就是曹操）統一北方的偉業，乃「天命所歸」。再來歌功頌德一番，誇耀魏軍是如何之強大，很明顯就是叫諸葛亮解甲歸降。不管是從論點還是論據上看，似乎都設計得很完美，也很有說服力。但諸葛亮稍一思考，便開始痛斥王朗。

「吾以為漢朝大老元臣，必有高論，豈期出此鄙言！吾有一言，諸軍靜聽：昔日桓、靈之世，漢統陵替，宦官釀禍，國亂歲凶，四方擾攘。黃巾之後，董卓、傕、汜等接踵而起，遷劫漢帝，殘暴生靈。因廟堂之上，朽木為官，殿陛之間，禽獸食祿，狼心狗行之輩，滾滾當道，奴顏婢膝之徒，紛紛秉政。以致社稷丘墟，蒼生塗炭。吾素知汝所行：世居東海之濱，初舉孝廉入仕，理合匡君輔國，安漢興劉，何期反助逆賊，同謀篡位！罪惡深重，天地不容！天下之人，願食汝肉！今幸天意不絕炎漢，昭烈皇帝繼統西川。吾今奉嗣君之旨，興師討賊，汝既為諂諛之臣，只可潛身縮首，苟圖衣食，安敢在行伍之前，妄稱天數耶！皓首匹夫！蒼髯老賊！汝即日將歸於九泉之下，何面目見二十四帝乎！」

諸葛亮見王朗來勢洶洶，避實就虛，開始順著王朗的話說，先說桓帝、靈帝以來的社會問題，再抓住王朗自身的弱點加以反攻，揭開王朗的老底加以鞭撻，歷數王朗的種種罪行，得出的結論是「天下之人，願食汝肉！」後來乾脆如市井潑婦般罵上了：「皓首匹夫！蒼髯老賊！」最後使出絕招，直刺王朗死穴：「汝何面目見二十四帝乎！」試想，一個七十六歲的老頭，在戰場上、在三軍面前被罵得狗血淋頭，作為一代名臣無臉面見歷代祖宗，是何等羞辱？加上身體不適，最後大叫一聲，口吐鮮血，墜於馬下而亡。

後人有詩贊諸葛亮曰：「兵馬出西秦，雄才敵萬人。輕搖三寸舌，罵死老奸臣。」縱觀這場辯論，諸葛亮勝在知己知彼，他抓住了王朗的弱點，並無情地攻擊。

不管有理無理，先從氣勢上壓倒對方，一招制敵，堪稱經典。

諸葛亮與王朗的舌戰，其實是計謀之戰。王朗並不口拙，只因計謀不濟，才啞口無言。也只因心理素質太差，才怒氣而亡。

歷史上有許多因怒而傷身敗業的故事。僅一部《三國演義》中，就有多少智勇者死於「怒」字。周瑜與諸葛亮鬥智，三次皆輸，怒火心中燒，壯志未酬身先亡。小霸王孫策英雄氣盛，不能容人之長，看見百姓尊敬道人于吉，竟不能容忍，最後怒殺于吉，自己也因怒而亡。關羽死後，張飛因無法完成幾日內做成全軍孝衣的任務，怒打部下，最後因怒慘遭不幸。

因怒敗業的人物則更多。關羽被害，劉備怒不可遏，終於做出極不明智之舉，導致蜀漢元氣大傷。

怒氣有三害：一害乃傷身。世間萬事，危害健康最甚者，莫過於「三氣」，即「怒氣、怨氣、窩囊氣」，其中以怒氣爲首。

怒氣是一種毒氣。美國生理學家作了一個實驗，他收集人們在不同情緒狀態下產生的「氣水」。研究發現，當一個人心平氣和地呼吸時，水是澄清透明無雜質的，悲痛時水中有白色沉澱，悔恨時有蛋白質沉澱，生氣時有紫色沉澱。生理學家把人在生氣時呼出的「生氣水」注射到白鼠體內，十二分鐘後，白鼠竟中毒死亡。可見，經常生氣的人不會有健康的身體，更不會長壽。

怒氣是一種害氣，經常發怒的人，心理素質降低，越來越承受不住來自各方的壓力。頭腦因衝動而不冷靜，思路不再清晰，言語不再準確，常常越想越狹窄，易患心理疾病。更有甚者，會因怒而喪失理智做出荒唐事，事後悔恨一生。

怒氣是一種害氣，敗業之氣。倘若你是一位談判者，發怒要麼會使你亂了方寸，處於不利地位；要麼導致談判不歡而散。然而無論是前者還是後者，都違背了談判的初衷。一個優秀的談判者，不但要機警、聰慧、有才學，而且要意志堅強。商業談判有一個原則：不要發怒。談判對手有時會用不禮貌的言語刺激你，有時想以胡攪蠻纏惹怒你，有時用刻薄的話語嘲弄你，有時用裝糊塗迷惑你，一旦你被激怒了，情緒失控，思維被攪亂，對方正好趁虛而入。

如果對手有意激怒你，可以採取兩種方法應對。其一，用發問做出反應，即使僅問一句「你爲什麼要講那個」也好，這不僅可以緩一緩對方的攻勢，也可以使自己的反應得以緩和。其二，有力地駁斥對方的胡攪蠻纏，中止對方的進攻。

人爲何會發怒？只有找出發怒的原因，才能徹底杜絕發怒。下面是一些原因。

·受騙

生意場上，受人詐騙，尤其是被親朋好友騙，最容易令人產生怒氣。情場上，自己真情實意，對方卻虛情假意，玩弄了你的感情後離你而去，最容易令人產生怒氣。當你施恩於某人，此人得勢後卻恩將仇報，反戈一擊，最容易令人產生怒氣。上當受騙是一件惹人心煩的事情，但發怒絕對解決不了問題，說不定正在你發怒時，行騙者卻在暗中竊笑。受騙了，能找到法律依據的，還能依靠法律去討還公道；找不到法律依據的，只能「吃虧買教訓」，引以為戒。

・受人辱罵、誣陷、諷刺、挖苦，自尊心受到傷害

此時，人最容易以其人之道還治其人之身，從而使矛盾激化。也許對方就是要惹你發怒而達到某種目的。因此，與其發怒傷身，不如從反面吸取教訓，強化自己，創造出驚人的成績。那時候，生氣的則是對方了。一個人要走自己的路，就不應該為諷刺挖苦的言語所左右，抱定「誰笑到最後，誰就笑得最好」的信念，何怒之有？

・受到不公正的待遇

常有人因升職、加薪出現不公平現象而生氣，然而世上不公平的事情時有發生，一是許多事情難以達到絕對公平，二是有一些人專愛製造不平之事。與其埋怨，不如奮起向命運挑戰。

・自己即將到來的成功被人為地破壞了

發生這種事情令人心疼，但事件已發生，埋怨和發怒也無濟於事，還是抓緊時間採取彌補措施，並加強管理，防患於未然。

・有人故意作對

在日常生活和工作中，我們可能會遇到少數對自己極不友好、處處和自己作對的人。對這種人，最好不要與之過多計較，要用幫助、諒解代替憤怒，要在他有困難時誠心誠意地幫助他。當你這樣做了之後，相信他會改變對你的看法，也許你們還會變對頭爲朋友。

第十三章
做人要順勢而為

在《三十六計》中，我們可以看到「察勢」之說，凡是懂得察勢的人都是機靈的人，都是善變的人。諸葛亮就是這樣一個善於審時度勢的人，他能見人所不能見，察人所不能察，既攻心，又辨勢。

1 善「識時務」，外部機遇不可忽視

一個人要成功，當然少不了良好的個人素質，其中以「識時務」爲最重要。一個人要取得良好的發展，外部機遇這個因素是絕對不可缺少的。

歷史是英雄人物的畫廊。英雄豪傑之所以能夠在動盪不安的環境中立足，能在尖銳激烈的社會競爭中取勝，就是因爲他們善「識時務」，能遵循歷史的需要，將自己的行爲建立在對客觀形勢的冷靜分析的基礎上。「時勢造英雄」，「時勢」指的就是一種機遇。機遇的表現形式多種多樣，良師的指導，「貴人」的提攜，輕鬆的環境，朋友的幫助等，都不失爲一種機遇。機遇的來臨若隱若現，要把握好並非易事。但有一點可以肯定，機遇青睞有心人。

成都武侯祠有一副名聯：能攻心則反側自消，自古知兵非好戰；不審時即寬嚴皆誤，後來治蜀要深思。這一名聯是後人追溯諸葛亮治蜀的偉大功業而寫的。上聯是指諸葛亮採取「攻心爲上，攻城爲下」的策略，「七擒孟獲」，平定西南的歷史，下聯講的是諸葛亮慎重分析蜀地的客觀形勢，採取從嚴治蜀的策略，取得顯著業績的故事。

據說，諸葛亮隨同劉備入主西川之後，劉備要他制訂治國的大政要略。諸葛亮主張從嚴治蜀，蜀郡太守法正不以為然。他對諸葛亮說：「從前漢高祖劉邦入關，約法三章，關中百姓無不感激。我希望丞相效法劉邦，從寬治蜀，減輕刑法，以慰百姓的不滿。」諸葛亮說：「你只知其一，不知其二。秦王朝法律嚴酷暴虐，百姓無法忍受。為此，漢高祖劉邦兵進咸陽之後，將秦朝舊法一概廢除，實行『殺人者死，傷人及盜抵罪』的約法三章，以示寬大。為此，一人號召，天下響應，成就了偉大事業。而劉璋在川中統治多年，愚昧軟弱，有益百姓的政治措施不能施行，有威嚴的刑罰不受尊重，豪門大戶專權放縱，君臣綱紀不能維持，上下不思進取，死氣沉沉。在這樣的形勢下治蜀，就要針鋒相對，實行嚴治。唯有如此，老百姓才會知道施行嚴厲法令的好處。封官賞爵有所限制，在此情況下，被提升的人會有榮耀感。如此，百姓得益，官吏知榮，上下都會遵循法度。作為治理國家的要略，這一點最重要。」諸葛亮的宏論，當場為法正等人所信服。

從嚴治蜀的方略，得到了實踐的證明。在這一方略指導下，蜀地很快強大起來，物阜民豐，社會安定。

不管個人的力量怎麼強大，與整個社會比起來，都顯得微不足道。人要想成就一番大事業，就必須認清形勢，發現歷史大潮的走向，掌握社會的脈搏跳動，順應之，追隨之，在客觀條件的作用下，「好風憑藉力，送我上青雲」。

對於每個人來說，能夠看準機會並抓住時機是非常重要的，這是取得事業成功必不可少的因素。沒有機會，縱然才華橫溢的人，也未必能登上成功之巔。自古以來，因失掉千載難逢的好時機而遺憾終生的大有人在。善於抓住時機是一個人成功的奧秘。

「弱者等候機會，而強者創造機會」。時機雖受各種因素的綜合影響，但不管如何，有一點是肯定的，那就是通過個人的努力，時機是可以把握住的。

一個人要成大事，必須做「識時務」之人。這裡的「時務」，是一個十分廣泛的概念，它是指一個人所處的外部局勢和情境。聰明的人、想有作爲的人，應該密切關注時勢的現狀和變化態勢，掌握時代脈搏，發現客觀需要，尋找得勝時機，將自己的行爲建立在扎實可靠的客觀基礎上，讓自己立於不敗之地。

2 「識時務」者才會有出路

常言道：「識時務者爲俊傑。」發展是一個積累的過程，需要與時代的節奏同步。也就是說，在時勢變化時，你必須跟上「節拍」，以變應變，尋找出路，不然你會處於被動地位。所以說，順應時勢，善於變化，及時調整自己的行動方案，是我們適應現實的一種做法。

古人云：「成者王侯敗者賊。」古今中外，凡成大事之人，無一不是「識時務」的俊傑。「識時務」從本質上講是一種「變」的哲學。「窮則變，變則通」實乃千古不變的真理。

不變是相對的，變化是絕對的。人想成功，就要「識時務」，要能看透世事發展的趨勢，並順應世事發展，及時採取應變之策。

「識時務」者大都是聰明人，他們知道如何防患於未然。固執的人對「識時務」者往往感到不齒，這緣於一個人的地位和身分。可是，這個世界上沒有什麼是永恆不變的。特別是在考驗一個人是否「識時務」的關鍵時刻，原來的地位和身分似乎並不具有多少價值。在情勢複雜的時候，只要不涉及原則問題，大可做些變通的工作。有了這樣的適用生存的能力，人生才能夠平穩地走下去。

最重要的是時機問題。準確地把握時機，便能事半功倍；一旦失去時機，一無所獲不說，走向失敗甚至毀滅的境地也不爲過。良機不能坐等，捕捉時機，轉移視角或重新選擇都貴在積極行動。從某種意義上來說，時機具有開放價值，它對每個人都公正無私，但並不是每個人都能駕馭好，其原因正如著名生物學家巴斯德所說：「機遇只偏愛那些有準備的頭腦。」只有辛勤勞動、反覆思索，才能抓住靈感，把握住最佳時機。古往今來，有多少人因錯失良機、不思變異而留下千古遺憾。

審時度勢是「識時務」者的基本功。看透世事發展的趨勢，順應世事發展，及時採取應變之策，才是「識時務」的要義之一。人生總會有各種各樣難以應付的局面出現，關鍵看你如何根據實際情況來保全自己。

曾國藩的處世之道，實際上是一種靈活辯證的處世態度。因此，雖然他處世中熱衷於功名，以儒家思想為核心，恪守仁義的宗旨未改，但在做事為人的「形」上，卻是一生三變。正是這「三變」，蘊含了人們對他的褒貶。但不管怎樣，沒有這適時的「三變」便不會有他更大的成功。

曾國藩「一生凡三變，書字初學柳宗元，中年學黃山谷，晚年學李北海，而參以劉石，故挺健之中，愈饒嫵媚」，這是說習字的「三變」。「其學問初為翰林辭賦，即與唐鏡海太常遊，究心先儒語錄，後又為六書之學，博覽乾嘉訓詁諸書，而不以宋人注經為然。在京為官時以程朱為依歸，至出而辦理團練軍務，又變而為申韓。嘗自稱欲著《挺經》，言其剛也」。這是他學問上的「三變」。

縱觀曾國藩一生的思想傾向，他以儒家為本，雜以百家為用。上述各家思想，幾乎在他的每個時期都有體現。但是，隨著形勢、處境和地位的變化，各家學說在他思想中體現的強弱程度又有所不同，這些都反映了他深諳各家學說的「權變」之術。

曾國藩的同鄉好友歐陽兆熊認為，曾國藩的思想一生有「三變」。早年在京城時信奉儒家，治理湘軍、鎮壓太平天國時奉行法家，晚年功成名就後則轉向了老莊的道家。這個說法大體上描繪了曾國藩一生三個時期的重要思想特點。

曾國藩扎實的儒學功底，是在做京官時期打下的。他用程朱理學敲開了做官的大門之後，並沒有把它丟在一邊，而是對其進行深入研討。又由於受到唐鑒、倭仁等理學大師的指點，他在理學素養上更是有了巨大的飛躍。他不僅對理學正綱名教和封建統治秩序的一整套倫理哲學（如性、命、理、誠、格、物、致、知等概念）有深入的認識和理解，而且還進行了理學所重視的身心修養的系統訓練。這種身心修養在儒家是一種「內省」的功夫，通過這種克己的「內省」功夫，最終達到治國平天下的目的。他還發揮了儒家的「外王」之道，主張經世致用。唐鑒曾對他說，經濟即經世致用，包括在義理之中，曾國藩完全贊成並大大地加以發揮。他非常重視對現實問題的考察，重視研究解決的辦法，提出了不少改革措施。曾國藩對儒學尤其是程朱理學的深入研究，是他這個時期的重要思想特點，而對於這一套理論、方法的運用，則貫穿了他整個一生。

太平天國起義爆發後，曾國藩返回故里，很快就組建了一支湘軍。在對待起義軍和管理湘軍的問題上，他的一系列主張措施表現了他對法家嚴刑峻法思想的極力推崇。他提出要「純用重典」，認為非採取烈火般的手段不能為治。而且，他還向朝廷表示，即使由此而得殘忍嚴酷之名，也在所不辭。他確實也是這樣做的，他設立審案局，對所捕農民嚴刑拷打，任意殺戮。他還規定，不納糧者，一經抓獲，就地正法。在他看來，儒家的「中庸」之道，在這個時候是行不通的。

曾國藩在為官方面，恪守的卻是「清靜無為」的老莊思想。他常表示，「於名利之處，須存退讓之心」。太平天國敗局已定，即將大功告成之時，這種思想越發強烈，一種兔死狗烹的危機感時常縈繞在他心頭。他寫信給弟弟，信中大意說，自古以來，權高名重之人沒有幾個能有善終，而要將權力推讓幾成才能保持晚節。攻陷太平天國都城天京之後，曾國藩便立即遣散湘軍，做功成身退的打算，以免除清政府的疑忌。

不同的時期有不同的思想傾向，說明曾國藩善於從諸子百家中吸取養分以適應不同的情況。

如果我們將曾國藩的一生處世劃分爲三個階段，我們能發現其中各有特點：第一階段，爲銳意進取奮發向上的時期；第二階段，爲擘畫經營，功德圓滿的時期；第三階段，爲自慨自抑，持盈保泰，不在勝人處求強的平和時期。

由此可見，正是曾國藩一生「三變」才成全了他的大業。

一個人的事業越大，所遭遇的人與人的種種衝突就會越大，此時如果缺乏和人打交道的高超技巧，沒有把各種情況都考慮周全的頭腦和靈活應變的手段，將很難成就大事。而人要想成功，就要審時度勢，睜大眼睛，不斷進行人生步伐的調整。只要能「識時務」地調整，就一定會使自己找到通向成功的快捷方式；只要是「識時務」的變化，就一定會使自己踏上通往成功的快車。

3 擇勢而為，當隨則隨

所謂「審時度勢」，就是審察時機，忖度形勢，使自己的思想適應客觀實際。古今中外的政治家，在安邦定國時，都會從實際情況出發，因時因地制宜，提出各種行之有效的施政方針政策和解決問題的辦法。諸葛亮輔政治國取得成功，也是遵循了這一原則。

諸葛亮在山中耕讀時，就很會審時度勢。他的《隆中對》，具體分析了天下形勢，緊緊把握住當時時局的發展趨勢，是一篇審時度勢的好文章。出山後，他輔佐劉備、劉禪父子，開創基業，治理蜀國，開展復漢統一大業，處處都表現出不拘死理，能審時度勢的風範。

赤壁大戰前夕，他出使江東，遊說孫權，建立抗曹聯盟。入蜀後，他的《答法正書》，提出「恩威並濟」的治蜀方針，大力扭轉蜀地「德政不舉，威刑不肅」的狀況，充分體現了他因時因地制宜的法治思想。平定南中的叛亂之後，在要不要留漢兵來治理少數民族的問題上，他根據實際情況，決定不留兵、不留人，收到了「綱紀粗定，夷漢粗安」的良好效果。在對待東吳的問題上，他一次又一次地「應權通變」，根據形勢的變化，制訂相應的策略，派使臣去江東，鞏固和發展吳蜀同盟，使蜀之「北伐無東顧之憂」，維護了北伐戰略目標的順利實施。

諸葛亮認爲，一個人能審時度勢，使自己適應發展變化的客觀形勢，是他獲得榮辱和事業成敗的重要條件。

做事如此，做人更應如此。做人做事要遵從自然規律、遵從人生動態規律和社會發展規律。現實世界是變化的，一個人如果不能隨著形勢的變化而變化，勢必會落伍，甚而處處碰壁。反之，一個人能夠「識時務」，當隨就隨，遇事善於靈活變通，擇勢而爲，那麼他必能在社會生活中遊刃有餘。作爲一個精明的人，更要善於變通，勇於擇勢而爲。

事業發展的一個原則是與時俱進，人要能夠認清形勢，適應形勢，及時調整自己的發展戰略。順著情勢改變自己的態度和立場是成功人士的一貫做法。當然，順勢而爲要有非凡的眼力，才能做到遊刃有餘。

順勢而作，其實就相當於順水行舟。李白的「朝辭白帝彩雲間，千里江陵一日還」說的就是順水行舟下的狀態。後來，蘇東坡坐船回老家走的和李白是同一條水路，卻整整花了三個月，就是因爲李白順流，蘇東坡逆流。做事業的道理也是一樣，人一定要跟對形勢，通曉政策，明瞭大勢。人應知權從變、當隨則隨、靈活應對，要隨時間、隨環境的變化而變化，當然，「隨」也要有原則性、有自己的立場，既要當隨則隨，又要守住自己的底線，才能「隨」出好的結果。

4 與其「待時」，不如「乘勢」

黃蜂雖小，但牠發起怒來，即使是力大無比的壯士也畏牠三分。因爲黃蜂一旦發怒，就會瞅準機會，趁你不注意時，以其迅雷不及掩耳之勢刺向你；老虎雖凶，但若掉入陷阱，即使是手無縛雞之力的三歲孩童也敢拿著棍棒之類的東西撩牠、戲牠，因爲落入陷阱的老虎，即使有震天動地之吼，有利如鋸齒之牙，有摧枯拉朽之力，卻沒有發威逞兇之機，人們不用擔心牠會冷不防咬自己一口。自然界的動物爲鬥敗對手，會瞄準時機迅速出擊；人類要戰勝敵人，也要見機而行，出其不意。

「時」，機會也；「勢」，力量走向也。一個人要想真正把握機會，讓機會成爲成功的最佳資源，除了出手迅速，敢想敢幹之外，還有更重要的一點，就是要學會「識時務」，學會乘勢而行。

胡雪巖是中國歷史上第一個以商人身分代表政府向外國引進資金的商人。而在他之前，清政府還沒有向洋人貸款的先例，且有明確規定不能由任何人代理政府向洋人貸款。例如，曾是軍機首領的恭親王就曾擬向洋人借銀一千萬兩用於買船，所獲批示卻是：「其請借銀一千萬兩之說，中國亦斷無此辦法。」這種情形甚至讓一向果敢有決斷的左宗棠對向外商借款能否獲朝廷批准心存猶豫，然而胡雪巖的一番關於當時局勢以及辦大事要懂得乘勢而行的剖析，使左宗棠堅定了信心。

胡雪巖說：「做事情要如中國一句古話『與其待時，不如乘勢』，許多看起來難辦的大事，最後居然順順利利地辦成了，就因為懂得乘勢的緣故。」

同樣是向洋人借款，過去要辦，斷不會獲准，而這時要辦卻極可能獲准，這就是時勢使然。

一則當初向洋人借債買船，受到洋人多方刁難，朝廷很反感，恭親王亦開始打退堂鼓，自然不會再去借洋債。而此時洋人已經看出朝廷決心鎮壓太平天國，收復東南財賦之區，自願借款以助朝廷軍務，朝廷自然不大可能斷然拒絕。

二則當年軍務並不十分緊急，向洋人借款買船尚容暫緩，此時軍務重於一切，而重中之重又是鎮壓太平天國，為軍務所急向朝廷提出向洋人借款的要求，朝廷也一定會聽從。

三則此時領銜上奏的左宗棠本人手握重兵，且因平定太平天國有功而深得朝廷信任，由他向朝廷提出借款之事，其分量自然也不一般了。

借助這三個條件形成的大勢，向洋人借款不辦則罷，一辦則准成。

這裡所說的「勢」，是指那些爲促成某件事的成功而具備的各種外部條件，即出現了「恰逢其時、恰在其地、幾好合一」的情形。具體說來，這種「勢」也就是由時、事、人等因素交互作用形成的一種可以助成「畢其功於一役」的合力。這裡的「時」即時機。所謂「彼一時，此一時」，同樣一件事，彼時去辦，也許無論花多大的力氣都無法辦成，而此時再去辦，可能「得來全不費功夫」。這裡的「事」是指具體將辦之事。一定的時機辦一定的事情，同樣的事情彼時不可辦，此時則可辦。可辦則一辦即成，不可辦則絕無辦成之望。這裡的人即具體辦事的人。一件事不同的人辦，會辦出不同的效果，即使能力不相上下的兩個人，這個人辦得成的事，另一個人卻不一定能辦成。所謂「乘勢而行」，也就是要在恰當的時機由恰當的人去辦該辦的事情。

當然，我們更應清楚，在諸多因素中，對時機的選擇與把握是至關重要的，它可以說是「乘勢」的靈魂，這就猶如我們平常發表對某件事的看法一樣。在許多事情的處理與運作過程中，即使你是一個地位顯赫、舉足輕重的人物，即使你的意見絕對正確、決策十分果斷準確，你想讓你的意見或決策起到更大的作用，你也必須選擇恰當的時機，「乘勢」而發。否則，說早了沒用，說遲了徒然自誤，說的場合不佳，效果不大，甚至會帶來負面影響。這就是「勢」的作用。

有人認為，這是一個不確定的年代、一個多變的時代，只有懂得如何適應變化、掌握變化，才能在挑戰來臨前做好準備。世界的多變是有規律可循的，不是「亂變」、「善變」、「詭變」，只要清楚到底有哪些變化，就可以掌握變的主體；只要掌握「變」的核心，就可以掌握「變」的準則。因此，做人要善於因勢利導，擇勢而為。

第十四章 大丈夫能屈能伸

在諸葛亮手裡，妥協、退讓有時也會成了贏得主動權的重要砝碼。比如，退讓時常顯得慷慨大方，無論是「七擒孟獲」、「草船借箭」，還是「割讓三郡」，都讓人不得不佩服他這些步退得巧妙而又不露痕跡。

1 低姿態是最佳的自我保護之道

人生好比一場戰鬥，要學會隱藏，學會防守，學會保全自己，才能在帷幄中運籌進攻的策略和等待進攻的時機。永遠不要暴露自己的目標，不要輕易亮出自己的底牌，不要讓自己的鋒芒在別人眼前晃動，低調做人就是一種隱藏自己的保護色。

所謂「低姿態」，說的是我們在社會交往中所表現出的平和、謙遜、圓融及忍讓等言行和情態。有些時候，這種低姿態對於我們保護自我，以及自我利益不受損失是必不可少的。

蜀漢建興七年，孫權在東吳稱帝。這件事對蜀漢震動頗大，以前吳蜀聯合，一直以「興復漢室，掃滅曹賊」為名，現在孫權稱帝，意味著「興復漢室」的名義已經不存在了。東吳不僅沒有掃滅篡位的曹賊，他自己也成了篡逆的「孫賊」。於是，蜀漢內部就有了一種聲音，主張和東吳孫權絕交。

在要不要和孫權絕交，以及如何看待孫權稱帝背漢這件事情上，諸葛亮展現出了務實的態度和卓越的眼光。

諸葛亮分析了三個層面的道理：

第一，孫權早就想當皇帝，這個心思我們早就看出來了。如果現在鬧翻，雙方動起手來，孫權手下要文有文，要武有武，兵精糧足，我們一時是占不到便宜的，若北邊的曹操此時乘機坐收漁利，我們就真的危險了。過去漢文帝低調謙卑地與匈奴交好，我們的先帝劉備低調謙卑地與東吳交好，其實都是從大局出發的權變之計，對我們的未來發展是有好處的。

第二，有人說孫權不真心聯盟，北伐不賣力氣，這是不對的。孫權不是沒有北伐的想法，只是孫權不能渡江打曹操，就像曹魏不能渡江打孫權一樣，都是心有餘而力不足。

第三，我們和孫權聯盟有巨大的好處。一旦我們北伐，孫權也會跟著北伐，要麼佔據曹魏的領土，要麼掠奪曹魏的人口，這對我們雙方來說都是非常有利的。就算他態度消極，按兵不動那也是好的。因為只要他和我們是友好聯盟，就算他不動，曹魏也會派兵防範他，這樣敵人就不能盡全力來和我們作戰。我們多一個盟友，敵人多一個對手，這對我們戰勝強大的敵人非常有幫助。所以，對孫權稱帝的事情，暫時不必追究為好，吳蜀聯盟才是最重要的。

經過一番分析，在說服了上下群臣以後，諸葛亮就派出衛尉陳震出使東吳，參加了孫權稱帝的慶典，吳蜀聯盟得到了鞏固和加強。

世界上有很多牆，有牆的地方一定也會有門。什麼人過不去這道門呢？那些把自己看得太高，整天趾高氣揚的人，他們不僅過不去這道門，甚至還有可能將自己撞得頭破血流。做人也是一樣，我們只有把自己的姿態放低一些，才可以學到更多、得到更多。

做人做事一定要懂得低姿態。面對矮門，躬下身來，方能從門中順利通過；手拿茶杯，低下頭來，方能嗅到清香的茶水。低姿態，是一種境界，也是一種智慧。

2 知「進」不知「退」者，難有大作為

「人往高處走，水往低處流」。進是人的本能願望。多數人都希望能往好的方向走，受到別人的欣賞和尊重。正是有了這種美好的願望，人們才會樹立遠大理想，樂觀向上、開拓進取、無所畏懼、迎難而上。

相對於「進」，「退」也是一種生存智慧。在自然界裡，明月不與太陽爭輝，才展現出它的恬靜與溫柔；枯葉蝶退去它華麗的外衣，才逃避了人類的追捕，得以生

存；梅花退出與百花爭豔的春天，才顯示出它「凌寒獨自開」的傲骨；人退出束縛自我的怪圈，生命才會有更加多姿多彩。

大自然中，「進」與「退」的關係如此微妙，我們人類何嘗不是這樣。先發制人，後來居上，以退爲進，以攻爲守。這都說明「進」與「退」是可以互相轉化的。

赤壁之戰，曹操勢力被逐出長江流域，統一中國的願望短期內是無望了。但打了勝仗的蜀、吳國兩國，卻也開始因彼此的立場矛盾而產生爭執。

江陵之役結束後，孫權的江東政權更為強大。他對劉備趁機襲取荊南四郡非常不滿，但為了不讓曹操趁孫劉雙方出現矛盾的空隙，再度南侵，孫權並未做任何具體干涉，只立刻任命周瑜為南郡太守，統兵鎮守江陵，程普為江夏太守，以示對荊州的積極進取心。

劉備方面也不示弱，由於其侄劉琦是荊州刺使，劉備於是理直氣壯地繼續統轄荊州大部分地區，並在諸葛亮的建議下上奏朝廷，推薦孫權為車騎將軍，領徐州牧，明白表示希望孫權往東北方發展。

不過孫權更不示弱，在周瑜和魯肅的建議下，他轉而向嶺南發展，並且很快佔領交州和廣州的一部分，對劉備的荊南四郡，由東、南兩方向展開包圍。雙方你一來，我一往，表面上雖然還保持君子風度，但暗中較勁卻愈演愈烈。

這時候，在廬江郡叛變的曹營大將雷緒，為夏侯淵所破，只好帶領其數萬軍隊，南下投奔劉備，使劉備的軍隊更為強盛，孫權即使想動武，也沒有那麼簡單了。

諸葛亮雖贊成劉備為生存而擴張，但「聯吳抗曹」依然是他心中最重要的事情，他也不願見到孫、劉雙方反目成仇，只得儘量地從中協調、說服，以尋求兩方都可接受的共識，緩和矛盾。

就在這緊要關頭，一向體弱多病的劉琦去世。在諸葛亮的策動下，荊州南半部郡縣官員和將領宣誓支持劉備繼任荊州刺史。劉備也趁勢立營於油江口，改名公安，暫時作為荊州之府治。這下子，孫權更不安了，在江陵的周瑜也擺出一副軍事干涉的姿態。魯肅緊張極了，只好找諸葛亮溝通，希望雙方能進行協商，給孫權和周瑜一點面子，以免產生不必要的衝突。

諸葛亮自然也不願雙方撕破臉，因此他說服劉備，滿足孫權的欲望，承認南郡屬孫權管轄，但先將江陵以南租借給劉備。換句話說，周瑜成了法定的南郡太守，但孫權也承認了劉備在公安的合法地位。孫劉聯盟的矛盾衝突暫緩了下來。

這件事情雖然是以劉備退讓妥協爲先，但最終的勝利仍然屬於劉備。看起來劉備吃虧了不少，其實卻占得了最大的便宜，而且化解了矛盾，鞏固了孫劉聯盟。「退」可以造就「進」，「進」也可以使「退」加劇。

「盛極必衰，物極必反」是事物發展的必然規律，然而真正能夠懂得此深刻含義的人卻不多。自古以來，人的進退始終不是一件容易處理的事，尤其是這個「退」字。但不管個人的主觀願望如何，只知「進」不知「退」，在「退」方面欠火候的人，可能會使其一生的功績毀於一旦。

「進」與「退」緊密聯繫、互相轉換。「退」中有「進」，「進」中有「退」，「進」時當思「退」，「退」時當思「進」。該「進」則「進」，否則會錯失良機，該「退」時一定要「退」，否則就可能前功盡棄。「進」有高度，「退」有分寸。只有處理好「進」與「退」的關係，才能在人生的路上遊刃有餘。「進」亦不喜，「退」亦不憂，是一種胸懷，也是一種制勝謀略。

3 善用感情，攻心為上

孫子曰：「攻心爲上，攻城爲下。」意思是說，攻城是下策，攻心才是上策。所謂「攻心」，說白了就是要讓對手心性大亂。心亂如麻，自然做什麼事情都不會冷靜地思考，理智地判斷，最終只能做出錯誤的決策。

在現實生活中，一個人在面對社會上的種種困境，面對人生的諸多煩惱時，就好像陷入了「十面埋伏」，而他身邊的人可能更多的是指責他的無能，辱罵他的愚蠢，弄得他心情大亂，使得本來容易解決的困難變成了一場災難。人，如果不想把自己身邊的人變成自己的敵人，首先自己不能成爲身邊人的敵人。

「三十六計，攻心爲上」。攻心，是一種不顯山不露水卻又作用極大的智慧。

蜀漢章武三年四月，劉備病重，自覺命不久矣，便叫人趕緊把諸葛亮請到永安來。他對諸葛亮說：「你的才能比曹丕強十倍，一定能治理好蜀國，完成統一大業。我的兒子劉禪，如果你看他還行，就好好地輔佐他，如果他實在不是那塊材料，你就自己當皇帝吧！」此時的諸葛亮早已淚流滿面，他對劉備說：「您如此信任我，我一定會竭盡全力輔佐幼主，我願以死效忠貞之節。」就這樣，蜀漢的開國君主劉備離開了人世。

劉禪是個出了名的窩囊廢，他即位以後，國家的大小事務都由諸葛亮決定。諸葛亮也算兢兢業業，想使蜀漢儘快富強起來。只是沒料到南中地區的幾個郡竟然造起反來了。

原來，益州郡有個豪強叫雍闓，在聽說劉備死了之後，他就趁機殺死益州太守，自己當上了太守。同時，他還拉攏了南中地區一個少數民族首領孟獲，叫他去聯絡西南一些部族一起造反。經過雍闓的煽動，越嶲部族酋長高定和牂柯太守朱褒也參加了他的聯盟。這樣一來，蜀漢差不多沒了半壁江山。

但是，當時的蜀漢剛剛經歷了夷陵之戰的失敗和劉備的病逝，根本就顧不上出兵平定叛亂。諸葛亮只好先派人去修復與東吳的關係，重新結成盟友，這樣也算穩住了外交。然後他又加緊國內的經濟建設，休養生息，訓練兵馬。

過了兩年，局面穩定住了，諸葛亮也終於能夠騰出手來收拾這些叛亂分子，他決定親率大軍南征。

出征之前，參軍馬謖給諸葛亮出主意說：「南方的少數民族歷來就不好管理，他們依仗地形險要，山高皇帝遠。現在即使我們能夠用大軍把他們征服了，以後還是會出問題。所以我們這次出兵，主要是攻心，只有讓這些南人心服口服，以後才能長久安定。」其實諸葛亮也是這麼想的，但他還是誇獎了馬謖一番。

諸葛亮把蜀漢大軍分成三路。東路軍由馬忠率領，從川南進攻牂柯太守朱褒，中路軍由李恢率領，由平夷「案道」直逼益州郡攻打雍闓和孟獲的根據地，諸葛亮則親自率領西路軍，從成都出發先去安上，再由安上走水路和另外兩路大軍在滇池會師。

當諸葛亮的西路軍遇到了高定的抵抗，他把手下人馬分散在旄牛、定作、卑水等地築壘防守。誰知諸葛亮竟不急於進攻，原來他想等到高定把部隊集中以後，再一舉殲滅之。果然，沒多久高定就把部隊都集中到了一起。這時候，諸葛亮命令大軍出擊，並一舉殲滅了所有叛軍，斬殺高定。與此同時，東路軍在馬忠的帶領下也很快就消滅了朱褒，佔領了牂柯郡。

就這樣，東西兩側的叛亂都已經被肅清了。三路大軍會合在一起後，由諸葛亮親自率領向叛軍的最後據點益州郡發起進攻。

建興三年五月，諸葛亮率領大軍穿越了人煙稀少的山嶺，渡過了驚濤駭浪的瀘水，終於逼近了這次出征的目的地——益州郡。這時，雍闓早已因為內亂，被高定的部下殺害了，孟獲當上了叛軍的首領。

孟獲本來就是南中的少數民族首領，不但作戰驍勇，在當地還有著很高的威信。諸葛亮覺得要想更好地解決蜀漢與南中少數民族的關係，穩定蜀漢南中地區的統治，就必須採取攻心戰術。所以他下了一道命令，只許活捉孟獲，不能傷害他。

在蜀軍和孟獲軍隊第一次交手的時候，蜀軍奉諸葛亮的命令故意敗退。孟獲不知是計，就帶著自己的人猛追敗退的蜀漢軍隊，很快就鑽進了諸葛亮的包圍圈。結果，軍隊被打得四散奔逃，孟獲本人也被活捉了。

孟獲被押到了諸葛亮的大營，他心想，自己這次必死無疑。沒想到進了大營，諸葛亮立刻叫人給他鬆了綁，還好言好語地勸他投降蜀漢。但孟獲不服氣，他說：「這次被你打敗，是因為我自己不小心，中了你的計，所以你也沒什麼了不起的，我為什麼要投降你呢？」

聽他這麼說，諸葛亮也沒有勉強，還陪著他到自己的大營裡兜了一圈，讓他看看蜀軍的營壘和陣容。然後諸葛亮又問孟獲：「您看我們的人馬怎麼樣？」孟獲傲慢地說：「我看沒什麼了不起的，憑我軍的戰鬥力，要打敗你們易如反掌。」諸葛亮沒辦法，只好說：「既然你這麼說，那你就回去準備一下吧，咱們再打一仗，看看到底誰厲害？」

孟獲回到自己的軍營後，馬上就重整旗鼓，又一次和蜀漢軍隊交戰。無奈他有勇無謀，根本不是諸葛亮的對手。諸葛亮不費吹灰之力就又把孟獲給逮住了。這次，諸葛亮依舊好言相勸，但孟獲還是不服，於是諸葛亮就又把他放走了。

就這樣捉了放，放了捉，一直把孟獲捉了七次。到了孟獲第七次被捉的時候，諸葛亮還要再放，而孟獲也終於心服口服了。他流著淚說：「丞相七擒七縱，待我可說是仁至義盡，我打心底裡敬服您。從今以後，我一定聽從您的調遣。」

孟獲回去以後，還說服各部落全部投降，南中地區重新歸蜀漢控制。

諸葛亮「七擒七縱」，使孟獲終於心服口服地臣服於蜀漢的故事，是中國歷史上成功運用攻心戰術的經典範例。同時，諸葛亮採取「夷人治夷之法」，不僅減緩了民族矛盾，還使西南少數民族地區的經濟得到了發展，也算是「夷漢粗安」的攻心政策的延續。

爲人處世要知屈伸，明進退，把握「屈伸」的分寸，不過分忍讓，也不過於張揚，一切「適中」，做到「與時屈伸，屈伸有度」，方能做一個明智的君子。

4 能屈能伸才是大丈夫

成功的路上會有各種各樣的困難和挑戰，很多人能忍受艱苦的環境，卻無法忍受精神上的半點屈辱，如此一來，即便有很好的機會，往往也會錯失掉。很多時候，一味地針鋒相對只會把自己弄得頭破血流，得不到半點好處。但如果把別人的嘲笑和羞辱當作自己奮進的力量的話，會擁有更大的收穫。

諸葛亮的全域觀念特別強，懂得「丟芝麻保西瓜」的道理，該屈則屈，該伸則伸，該取則取，該退則退。諸葛亮絕對是一個能把天下放在胸中的人，他從來不會為一點小利益而丟掉最想得到的東西，因此他常常比別人站得高，看得遠。

從諸葛亮為劉備制訂的「隆中對策」來看，荊州是未來攻伐曹魏、統一天下的戰略要地。因此，圍繞荊州歸屬的問題，諸葛亮曾用各種方式予以推脫，名曰「借荊州」，實則佔領荊州，對東吳歷來是寸土不讓。但是，當曹操在西線發起進攻時，蜀漢如果因為荊州問題同東吳鬧翻，勢必會陷入兩面作戰的不利境地，荊州、益州將會同時受到直接的威脅。劉備在自己沒有力量伸出兩個拳頭打人的時候，採納了諸葛亮的建議，主動提出割讓荊南三郡，與孫權妥協，以此促使東吳進兵伐曹。這樣既緩和了孫、劉之間的利益衝突，又達到了「圍魏救趙」的目的。事實證明，這種退讓是完全正確的。

沒有人願意做「丟臉」的事情，但很多時候人都是身不由己的。世事艱難，我們很難保證在任何時候都能夠不「丟臉」。若想爭取成功的機會，就不要太在乎「面子」，只有這樣才有可能得到比別人都多的機會。中國歷史上不乏能屈能伸的偉人。勾踐的「臥薪嚐膽」，韓信的「忍胯下之辱」，劉備的「三顧茅廬」，他們都因爲能忍受常人所不能忍受的恥辱，才最終成就了偉業。

有一次，曹操請劉備去赴宴。劉備不知曹操是何用意，心裡一直忐忑不安。酒喝到正酣的時候，忽然天空烏雲密佈，傾盆大雨即將下來。曹操對劉備說：「玄德歷經四方，一定非常瞭解當今世上的英雄，請說說你的看法。」劉備便說出了袁術、袁紹、劉表、孫堅、劉璋、張魯、張繡等名人志士。豈料話剛說完，曹操便哈哈大笑說：「這些都是碌碌無為之輩，又何足掛齒呢？」劉備說：「其他的我就不知道了，丞相以為呢？」曹操說：「但凡英雄，都會胸懷大志，有胸懷天下的志氣。」劉備問：「那丞相以為當今天下有誰能擔當此任呢？」

曹操先用手指指劉備，又指指自己，說：「當今天下英雄中，能擔當此任的只有您和我曹操了。」劉備聽聞此言，大吃一驚，手中的筷子也掉到了地上，正巧這時外面雷聲大作，劉備便鎮定地彎下腰把筷子拾起來，還說：「雷聲太大了，真是嚇人。」曹操笑著說：「大丈夫也害怕雷聲嗎？」劉備說：「一打雷風雲都會變色，這樣的天氣誰不怕呢？」就這樣，劉備就把自己的失態挽救了回來。劉備表現得十分懦弱，從而讓曹操覺得他胸無大志，就不再把他列入敵人的行列。劉備為自己事業的發展贏得了一個好的環境。

一個人若不懂得隱藏自己的才華，就很容易遭受到非議和嫉妒。劉備在天下大亂的情況下懂得明哲保身，急流勇退。但他並不是消極地逃避，而是在養精蓄銳，等待機會重振雄風。他甚至「三顧茅廬」請諸葛亮出山，不管當時的諸葛亮多麼清高傲慢，他都不在乎。若想成就事業，就必須能屈能伸，只有這樣才能得到更多的機會。

學會能屈能伸，學會容忍一時的屈辱，學會控制自己的情緒和心智，只有這樣才能應付未來更多、更困難的問題。若爲一時之氣而丟掉自己的長遠目標，當時的你可能無所感覺，但他日你再回想起來一定會後悔自己的決定。身處敵強我弱的境地時，一定要學會能屈能伸，這樣才會有更多的機會。

諸葛亮六出祁山的時候，親自統率一支人馬，駐紮在離魏營很近的地方。他一再派人挑戰，但魏兵就是不出來應戰。於是諸葛亮想出了一計來刺激司馬懿。他取來一套女人穿的衣服，放在一個大盒子裡，並附上了一封書信，派人送到魏軍大營。魏國的將領將來人引去見司馬懿。司馬懿當眾打開盒子，見裡面是一套女人衣服，還有書信。拆開一看，上面寫道：你身為大將，統率中原大軍，卻不敢武力相鬥，一決生死。只是安於躲在土巢之中，害怕被刀劍所傷。你這種做法和婦人有什麼兩樣。現在我送給你一套婦女服裝，如果你還是不敢出戰的話，就恭敬地跪拜接受我的禮物，若是你還有羞恥之心的話，還有男子氣概的話，就送還回來，決定期限我們一決生死。

司馬懿看後心中大怒，但他表面卻故作鎮靜，笑著說：「孔明把我看成婦人了嗎？」他接受了衣服，並且下令厚待送衣的使者。

魏軍將領得知此事後，非常氣憤，便來見司馬懿說：「我們也算是魏國的名將了，怎麼能忍受蜀軍這樣的侮辱呢？請下令讓我們立即出戰吧。」司馬懿說：「我並不是甘心忍受侮辱，也不是不敢出戰，只是天子早就有了明確的旨意，命令我們堅守不戰，如果現在出戰就是違抗天子的命令。」眾將士還是憤怒難息，司馬懿便說：「既要出戰，等我向天子稟報了再說，這樣大家也好同心協力迎敵，如何？」將士們答應了。

司馬懿寫好奏章，派使者送往京城。皇帝曹睿瞭解了事情的經過後，對大臣們說：「司馬懿既然已經堅守不戰，現在為何又請求開戰呢？」一個將領說：「司馬懿本來不想出戰，只因為諸葛亮惡語侮辱，眾將士太憤怒，他才故意上了這道奏章。希望陛下能重新明確地申明堅守不戰的旨意，從而遏制眾將士的憤怒。」於是，曹睿便派人前往魏軍大營宣佈不准出戰，違令者斬。魏軍將士一聽，只好遵從。

其實司馬懿早就猜出這是諸葛亮的激將法，但他更知道如果盲目出戰，正好中了諸葛亮的計策，必然大敗。司馬懿若能忍受住侮辱，堅持不戰，諸葛亮也無可奈何。這就是司馬懿的能屈能伸的高明之處。

其實，暫時忍辱負重是爲了更遠大的理想。人生中的機會往往就是一步之遙，若是能忍受一時的困境，便能在日後達到理想的境界。成就大事的人從來不在乎一時的屈辱，因爲他們的目標就在眼前，爲了這個目標付出代價也是理所應當的。

第十五章

宰相肚裡能撐船

一個人只要心中能夠容納天下人，他就一定能夠做天下事。諸葛亮就是能夠容天下人的大智者，因為他明白，沒有天下就沒有諸葛亮。

為人最要緊的是有一顆寬容的心，心的容量有多大，人生的成就就有多大。

1 寬容是一種幸福

世界就好比一面鏡子，誰對它皺眉，它就會對誰皺眉；誰對它微笑，它就會對誰微笑。幸福是一種心靈感覺，但又覺得幸福不是一種現實。我們十三四歲時，心靈像個肥皂泡，載著七色的夢，可它的薄壁經不起觸碰，「一觸即破」。我們常言「世事豈能盡如人意」，一抹譏誚，一句逆耳忠言，就能把我們擊倒。其實，讓你不幸福的不是別人，是你自己，是你自己那缺乏豁達寬容的心胸罷了。

寬容是一種修養，一種只有風格高尚的人才具有的境界。世界上最寬闊的是海洋，比海洋更寬闊的是人心。寬容是溝通人際關係的橋樑，是釀造友誼之蜜的花朵。

古人言：「壁立千仞，無欲則剛；海納百川，有容乃大。」爲人處世，當以寬大爲懷。寬容，是中華民族的一種傳統美德。生活中難兗會遇到磕磕碰碰，一句善意的道歉，一個真誠的笑臉，就足以讓矛盾煙消雲散，就足以讓不快隨風而去。從帝王將相，到凡夫俗子，從一個大國，到普通的小家庭，之所以能夠和睦相處，就因爲在每個人的心靈深處，盛開著一朵寬容之花，那是天底下最美的花朵。

孔子的學生子貢曾問孔子：「老師，有沒有一個字，可以作爲終身奉行的原則呢？」孔子說：「那大概就是『恕』吧。」「恕」，用現代話說，就是寬容。

蜀漢集團中，劉巴算得上是一個多謀善斷的人物。在劉備攻下成都、經濟狀況堪憂的時候，劉巴獻上一策：「多鑄直百錢、平諸物價」，終使劉備擺脫困境。然而劉巴由此居功自傲，加之他又心眼狹小，常看不起人，特別是瞧不起武將張飛，因此常為些瑣事與張飛發生摩擦，最後鬧得連話都很少講。

為緩解兩人之間的矛盾，諸葛亮找到劉巴作了一次深談，他勸道：「大丈夫處世應該胸懷寬廣些，為人隨和點。足下是雅士，何必為些小事鬧得不痛快呢？士不能皆銳，馬不能皆良，器械不能皆堅。張飛是武人，即使有些小過失，足下作為雅士，何必那麼計較呢？」一番勸導，使劉巴終於有所收斂。

諸葛亮勸人心胸開闊，不為小事糾纏，他自己平時也是這樣做的。蜀、魏兩軍對壘，魏兵常把諸葛亮罵個狗血淋頭，拿一些刺耳的話羞他、激他，但他全然不計較，巋然不動地按著自己的部署行事，該打的時候打，該守的時候守，該退的時候退，始終「按牌理出牌」。所以，他總能打勝仗。

你一隻腳踩扁了紫羅蘭，它卻把香味留在你的腳根上，這就是寬恕。我們常在自己的腦子裡預設了一些規定，認爲別人應該有什麼樣的行爲，不應該有什麼樣的行爲。如果對方違反規定，就會引發我們的怨恨。然而，因爲別人對我們的規定置之不理而感到怨恨，不是一件很可笑的事嗎？

寬容是一門藝術，是一種氣度，也更是一種文明。荷裔美籍歷史學家房龍在他的歷史著作《寬容》中，就主張對異己寬容，勇敢地宣導和呼喚人類的「寬容」精神。生活需要寬容，它就像是融洽人際關係的潤滑劑。沒有對小溪的寬容，就沒有大海的浩瀚，沒有對風雨的寬容，就沒有雄鷹的瀟灑，沒有對嚴冬的寬容，就沒有春天的燦爛。

寬容也是一種修養、一種美德，一種高尚的情懷。有了寬容之心，我們才會懂得熱愛生活，笑對坎坷；才不會爲受了一點傷害、誤解，抑或些許委屈而整天怨天尤人；才不會爲別人的一點小事而斤斤計較，爲別人的一點過失而耿耿於懷；才不會總是在看到別人的一點缺點後喋喋不休，揪住別人的一點把柄就不依不饒。

對我們來說，寬容也許是一種理解。理解別人，站在別人的立場上思考問題，多爲他人考慮，自己當然也會有新的收穫。寬容也許是一種愛。假如你熱愛生活，那麼就從愛你的家人開始做起，從愛你的工作做起，從愛你的朋友做起。當你把愛當作習慣，你會發現世界原來可以如此美好，生活原來是如此的甜蜜。寬容也許還是一種美德，一份責任。生於斯，長於斯，苦於斯，樂於斯。作爲社會的一分子，你有責任讓世界變得會更加美好，有義務讓生活在愉快中行進。

寬容不是放縱，而是一種適度，一種坦然。是建立在對事物深度認識基礎上的恰如其分的界線。而把握寬容的度，是生活積澱的厚積薄發，是心靈昇華的外在表現。

寬容是福，生活在相互寬容的環境之中，便是人生的最大幸福。當然，寬容也會讓你忘卻所有的煩惱與痛苦。

2 ─有胸懷才會有成功─

每個人都渴望成功，但有的人成功了，有的人沒有成功，歸根到底，成功者與失敗者的區別就在於是否擁有寬廣的胸懷。

古人常言：「海納百川，有容乃大；壁立千仞，無欲則剛。」這是對山河雄偉的讚美，也可比喻人胸懷寬廣、大度，既要有寬容的性格，又要爲人要正直，不要有私欲，無私則無畏。你若是想取得成功，就必須要有寬廣的胸懷。

美國心理學家威廉・詹姆斯說：「如果你能夠使人樂意與你合作，無論做任何事情，你都可以無往不勝。」人與人之間的成功合作不僅能夠使人的心靈得到極大的放鬆，享受到人際和諧的樂趣，並且能夠使人的潛能得到發揮，從而創造性地、高效率地解決所面臨的一系列問題。

而自私的人，就不懂得分享的美好。所以說，自私導致失敗的關鍵因素，人不可能獨自生活，更不可能獨自獲得成功。想要成功，就要有容人的胸懷，要有幫助他人的大氣，每個成功者的背後都會有很多默默無聞的支持者或合作者。要知道，任何事情的成功都是合作的結果，任何人的成功都與寬廣的胸懷、坦蕩的氣度緊密相連。

「將相和」是中國歷史上有名的典故。

戰國時期，廉頗和藺相如都是趙國的大臣。廉頗是趙國的名將，而藺相如因為完璧歸趙，並在澠池會上立了功，被趙王封做上卿，位置在廉頗之上。

為此，廉頗很不服氣，揚言道：「我見到藺相如，一定要羞辱他。」藺相如聽說了，就一直刻意迴避他，在街上遇見他的車子，會躲到一旁，有時甚至假裝生病不上朝，以免與廉頗發生衝突。藺相如手下的人很不理解，藺相如道：「我連秦王也不怕，我會怕廉將軍嗎？但是大家知道，秦國之所以忌憚趙國，就是因為趙國武有廉將軍，而文有我。如果我們之間起了爭執，秦國必會乘虛而入。我之所以避著廉將軍，為的是趙國的利益。」

廉頗聽說了這件事以後，十分羞愧，於是光著上身，綁上荊條，到藺相如府上請罪。他說道：「我是個粗鄙淺陋的人，不料您寬容我、忍讓我竟到了這等地步。」正是因為藺相如的這種胸懷，趙國才出現了將相和睦的大好局面。

我們常說：「心有多大，事業就有多大；胸懷有多寬，事業就有多廣。」心胸寬則能容，能容則眾歸，眾歸則才聚，才聚則事業強。因此，成就大事業的人要有容人、容智、容物、容事的肚量。

唐代初期，以耿直敢諫著稱的魏徵，曾輔佐太子李建成。他見秦王李世民功業漸大，聲望日隆，曾勸李建成及早除掉李世民，以免除後患。「玄武門兵變」後，李建成被殺，李世民召見魏徵，問他：「你為何離間我們兄弟？」只見他面無懼色，答曰：「太子若早聽我言，必無今日殺身之禍。」

按說魏徵必死無疑，但李世民不僅未殺魏徵，還十分器重他的才幹，拜他為諫議大夫，因為李世民非常欣賞魏徵耿直不屈的性格。而魏徵也不負重望，竭力輔佐李世民，使其成為一代名君。

寬容是人類性情的空間，懂得寬容別人，自己的性情也就有了周旋的餘地。寬厚者，以其睿智的善良，容納一切美好，任何邪惡的靈魂在寬厚面前都會無地自容。寬厚的力量，是藍色海洋永遠不息的湧動之力，是茫茫天空的無言包蘊之力，是寬廣無比、強大無比的心靈之力。

做人不僅要有寬廣的胸懷，還要有一點氣量，這樣才有助於個人的成長，不至於因爲一點小事而面臨尷尬的境地。同樣，一個有氣量的人，也是一個受人尊敬的人。寬厚待人，才會得到更多人的擁護和支持，才能在他人心裡留有一定的位置，自己的理想抱負才能更易實現。

3 忍得了辱，才能發得了力

自古以來，只要看一個人的涵養和他的行事風格，就大概能知道他是否是個可塑之才，是否有大將之風，因此要成爲「人上人」，除了常識與能力之外，還要能控制自己的情緒。遇事不能冷靜，常以某種極端手段處之的人，決不是一個有修養的人。

情緒處理得好，可以將阻力化爲助力。情緒若處理得不好，便容易使人失去控制，產生一些非理性的言行舉止，輕則誤事受挫，重則違法亂紀。

控制好情緒需要理性的克制。克制，乃爲人的一大智慧，它有助於人們在追尋理想的征途上，消除情感世界不可避免的潛在危機。因此，對一個成功的開拓者來說，克制既是實現既定目標的保證，又是取得更大成功的起點。

韓信是西漢初年著名的軍事家。他以傑出的軍事才能，幫助劉邦擊敗了項羽等諸侯，為建立西漢王朝立下汗馬功勞。他指揮的一些戰役被後人視為用兵的經典。

韓信幼時家裡很窮，祖上幾輩都是農民，遇上天災的時候，地裡產不出莊稼，而朝廷還是照樣徵稅，一家人經常過著饑一頓飽一頓的生活。在韓信還是個十幾歲的孩子時，他的母親因為病重臥床不起，家裡窮得根本沒錢買藥，他只能眼睜睜地看著母親染病而亡。韓信哭得死去活來，唯一的親人也離開了人世，自己一夜間成了孤兒。鄰里看他可憐，便湊了一點錢，為他娘買了一口薄板棺材，並在城外的亂崗中挖了一個坑，準備將他母親下葬。正當他們要把棺材抬進去時，韓信止住哭聲，說道：「我母親一輩子受盡了困苦，被壓在最底層。如今她離開我，到了黃泉之下，不能再讓她受罪了，我一定要把她埋在最高處。」

大家聽了韓信的話，認為他人小志氣大，就又幫他選了一個地方。這個地方地勢最高，韓信將母親埋葬入土，並心中暗暗發誓：秦王朝橫徵暴斂，害得我家破人亡，我一定要推翻秦王朝，為天下百姓謀福利，再也不讓窮人受苦受難了。母親死後，韓信無依無靠，而他既不會種田，也不會經商，只得到處流浪，到別人家裡混口飯吃。

平時沒事，韓信喜歡讀兵書，還喜歡練劍。他家裡窮，沒有錢請名師指點，他便到演兵場看軍隊訓練，有時半夜三更爬到豪門家的牆頭去偷藝。俗話說：「學藝不如偷藝。」韓信還真偷練了一身好本領。他喜歡武士，所以平時也穿著一身武士服，雖然有些破舊，但並不影響他的威武之態。

韓信四處流浪，經常饑一頓飽一頓。有一段時間，韓信住在鄉下南昌亭亭長家裡。一開始，全家人對韓信還算客氣。過了幾個月，亭長的老婆就有些不滿了，不是給韓信白眼，就是對韓信說些難聽的話。韓信心想：男子漢大丈夫，豈能被別人瞧不起，當晚便收拾行李準備離去。他收拾好行李後，便去找亭長夫婦告辭，剛一到門口，就聽見亭長的老婆說：「光養著一個只吃飯、不出力的人，他若再不走，我們就得想點辦法。」那亭長說：「再不走，就攆他走！」韓信本想敲門告辭，一聽這話，又退了回來，扭身就走。那對夫婦聽見外邊有動靜，一看是韓信要走，便假裝沒看見，繼續睡覺。

韓信離開了後，又回到了自己家裡。他沒有職業，只得繼續挨餓。他看到魚市上有賣魚的，心想：我也可以以釣魚為生。於是他借了一點錢買了釣竿，來到河邊釣魚。

這一天，韓信早早來到河邊，誰知到了中午一條魚也沒有釣到，肚子反而餓得直叫，他只有強忍饑餓，繼續釣魚。這時，有一位老大娘在河邊洗絲綿，她知道韓信是個窮孩子，從小就沒有了父母，覺得他可憐，便把自己的乾糧分給韓信吃。韓信實在是餓極了，道了聲謝，就狼吞虎嚥地吃起來。一連幾天，那位好心的老大娘每天中午都會分給韓信一些乾糧。韓信實在過意不去，倒身下拜，說道：「大娘，我天天吃您的乾糧，將來我有本領之後，一定會重重報答您。」

老大娘聽了，歎了口氣，說道：「我看你可憐，從小就沒有父母，自己又掙不到錢，才給你吃，我能指望你報答什麼呢！」

韓信聽了之後，十分感動，心想：將來我有出息之後，一定好好報答這位老大娘。

一天，韓信在河裡釣了好多魚，很是高興。這天恰逢淮陰城大集，他便拿著魚到市場上去賣。韓信很誠實，從不多要錢，所以好多人買他的魚，不一會兒，韓信的魚就賣完了。

韓信腰佩長劍，懷裡揣著賣魚得到的錢，高興地往家走。剛一到橋上，他就聽見有人喊：「韓信！站住！」

韓信回身一看，原來是當地的一個潑皮無賴。韓信想躲開他，就加快了腳步，誰知這潑皮快步跑到韓信前邊，截住了去路。他對韓信說：「你整日腰掛寶劍，好像是個武士，你敢拿寶劍刺我嗎，如果敢，你就刺，如果不敢，就從我胯下鑽過去吧！」說著，他就叉開了雙腿。這時，邊上圍了許多人看熱鬧，有的人跟著起哄：「鑽吧，鑽吧，鑽過去之後就放了你！」

韓信頓時火冒三丈，真想一劍將眼前之人刺死了事，以免他以後再為非作歹。而那個潑皮還在挑釁：「刺啊，拔出劍來刺我啊，不敢刺，你就快鑽！」

韓信握緊劍柄，心想：如果我刺死他，就要償命，就不能推翻秦王朝，就沒辦法報答那位老大娘了。想到這裡，他把手鬆開了。「大丈夫能屈能伸」，他又何必與這潑皮太過計較。

韓信低下頭，俯下身，雙手扶地，從那個潑皮無賴的胯下鑽了過去。周圍的人哄堂大笑，紛紛說韓信太軟弱，膽小怕事，一點尊嚴都不要。那個無賴還不甘休，說道：「這座橋就叫『胯下橋』吧！」周圍的人也跟著起哄，「就叫『胯下橋』！」於是，韓信鑽胯襠的事很快傳開了。從此之後，人們每次看到韓信，都會在背後悄悄地說：「這就是韓信，就是那個胯夫。」

男兒有淚不輕彈，只因未到傷心時。韓信受了如此凌辱，便跑到母親的墳上大哭一場，並暗下決心：有朝一日，一定要洗雪胯下之辱，還要推翻暴秦的統治。哭了多時，韓信回到家中，一連幾日也不出家門。他痛定思痛，心想：我要投賢明的君主，只有這樣，我才能有機會施展自己的才能。

韓信聽說項梁、項羽正率起義軍攻打秦王朝，便想投靠項梁。他來到項氏營後發現，項梁已戰死，而項羽目中無人，根本瞧不起他。項羽認為韓信只是一個村夫，不如自己身世顯赫。所以韓信幾次給項羽獻策，項羽都不採用。

韓信覺得項羽驕縱傲慢，難成大事，便悄悄地離開楚軍，投奔了漢軍。那時，亞父范增對項羽說：「有一個叫韓信的從我楚軍逃到漢軍，不如把他追回來，此人博學多才，又熟讀兵書，定有大用。」

項羽說：「一個小小的村夫，能成什麼大氣候，隨他去吧！」

韓信來到漢軍後，謀了一個管糧草的小官。他很有才能，把這些管糧草的人分成兩隊，一隊專管糧，一隊專管草，然後再把責任分到每個人身上。這樣一來，士兵們誰也不敢掉以輕心，將糧草管理得井井有條。

韓信一有時間就讀兵書。一日，蕭何前來督察，看到韓信正在看書，而糧草也管理得很好，便與他交談起來。韓信分析天下形勢，講兵法戰策，蕭何非常欣賞韓信，認為此人有大將的膽識和遠見，而且熟讀兵書。他對韓信說：「你先在此委屈幾天，我去向漢王推薦你，他一定會重用你！」韓信聽後非常高興，心想：終於有機會可以實現我的抱負了。這一夜，他竟沒有睡好。

但幾天過去了，韓信沒有得到任何消息。又過了一段時間，蕭何來見韓信，說：「再過一段時間，漢王就會起用你。」然而又過了幾個月，漢王仍沒有重用韓信。韓信心想：漢王一定是沒有誠意，我不能一輩子待在這裡。想到此，他便悄悄地收拾行裝，逃跑了。

蕭何正好前來探望韓信，一看韓信不見了，趕緊騎快馬乘著月光追趕。韓信對道路不熟悉，沒跑多遠，就被蕭何追上了。劉邦這才拜韓信為大將。韓信成為大將之後，為劉邦建立漢朝立下了汗馬功勞。

劉邦登基後，韓信衣錦還鄉，他沒有忘記那個給他乾糧吃的老大娘，便派人把老大娘接到自己府中，賜給老人一千兩黃金。

韓信當了大將軍後，那座橋也不再叫「胯下橋」，改成「韓信橋」了。韓信來到橋上，心情十分複雜，想到當年自己所受之辱，便派人把那個潑皮無賴找來。那人早已嚇得魂不守舍，連連求饒：「將軍，您饒命！您饒命！」韓信說道：「起來吧！我不會殺你的，如果我想殺你，我當時就能一劍要了你的命。倒是你的胯下之辱，讓我警惕，促使我努力向上。我任命你做楚國捕捉盜賊的中尉，但不許欺壓百姓，否則定斬不饒！」

古人云：「小不忍則亂大謀。」能夠忍辱是一種韜晦、一種涵養，更是胸襟開闊、目光長遠的象徵。

4 忍小事，謀大局

忍，是一種韌性的戰鬥，是一種永不敗北的策略，是戰勝人生危難的有力武器。

正當曹操在入川問題上舉棋不定之時，劉備以為曹操必定入川，急忙請諸葛亮來商議對策。諸葛亮在分析了當前的戰略態勢後，說：「曹操分軍屯合淝，懼孫吳也。今我若分江夏、長沙、桂陽三郡還吳，遣舌辯之士，陳說利害，令吳起兵襲淝，牽動其勢，操必勒兵南矣。」劉備從其計，立即作書具禮，使人「先到荊州，知會雲長，然後入吳」。果然，當孫權聽說劉備主動提出歸還三郡時，十分高興，立即命魯肅帶人前去收取長沙、江夏、桂陽三郡，然後親自率十萬大軍攻打曹操。

很顯然，剛剛安定的西蜀在隨時都可能遭受曹操進攻的危局之下，決定在外交上繼續爭取和保持同東吳的合作，乃是擺脫危機的關鍵之決。因為在三足鼎立中，誰採取了靈活的外交政策，以「兩角」對「一角」，誰就有可能致敵於兩面作戰的被動境地。諸葛亮正是看準了這一點，才會對東吳做出一點實際讓步，而不再耍嘴皮子。這表現出了他在策略上極大的靈活性。

諸葛亮割讓三郡的故事告訴我們，凡事必須要從大局出發。有時候，為了整體利益而暫時放棄一些局部利益是必要的。在複雜激烈的軍事鬥爭中，利害相關，特別是在處於極端困難的情況下，如果只講進，不想退，企圖處處得利，那麼就會處處被動，最後大受其害。

忍是一種「心機」，是一種生存智慧。在中國古代歷史上，有很多人都是在面臨危險時，以忍化解險情，求得生存，然後獲得機會，一舉成功的。韓信因爲能忍胯下之辱，最後才成爲開國名將。但最能夠以忍求生、圖謀大業的人還應該算是越王勾踐。

越王勾踐當政的時候，吳王闔閭來攻，勾踐打敗了闔閭。吳王夫差繼位後，為替父報仇，絲毫不敢懈怠，努力操練兵馬。經過兩年的準備，吳王以伍子胥為大將，伯嚭為副將，傾國內精兵，打敗了越國。勾踐走投無路，通過伯嚭與吳王達成議和。

議和的條件之一是，勾踐和他的妻子到吳國來做奴僕，隨行的還有大夫范蠡。吳王夫差讓勾踐夫婦為自己的父親闔閭守墓，並為自己養馬。那是一座破爛的石屋，冬天如冰窟，夏天似蒸籠，勾踐夫婦和大夫范蠡一直在這裡生活了好幾年，每天都是一身土，兩手糞。除此以外，夫差出門坐車時，勾踐還得在前面為他拉馬。每當從人群中走過，就會有人暗地裡譏笑：「看，那個牽馬的就是越國國王。」

勾踐由一國之君變成奴僕，他忍了；到吳國為人養馬，備受奴役，他也忍了。然而最讓人覺得不可思議的是，他居然能夠嘗吳王的糞便。吳王病了，勾踐為表忠心，在伯嚭的引薦下，去探視吳王，正趕上吳王大便。待吳王便後，勾踐就嘗了嘗吳王的糞便，然後恭喜吳王，說他的病不久將會痊癒。這件事在吳王放留勾踐的態度上起了決定性作用。原來，范蠡早看出夫差不久就會痊癒，讓勾踐以懂醫術為由，討吳王歡心。後來，吳王的病果真好了，勾踐也徹底取得了吳王的信任，吳王見勾踐真的順從自己，就把他放了。

勾踐在這件事上所表現出來的忍辱，一般人很難做到。縱觀這一時期，他的忍是極其恭順的忍。而他之所以如此，爲的就是日後的崛起。勾踐的高明之處就在於他非常明白自己的處境，知道只有忍辱，才有可能活下來，才有可能東山再起。

「寧爲玉碎，不爲瓦全」，「士可殺不可辱」，這都是對那些寧死不屈、誓死不降的英雄們的讚語，寧死不屈固然讓人讚歎。然而那位頂天立地的西楚霸王項羽則給我們留下了很多深思。烏江岸邊，烏江亭長熱情地招呼他：「江東雖小，足夠大王稱王稱霸，日後也能幹一番大事業。」而項羽卻因無顏面對江東父老，自刎身亡。也許項羽過江後，楚漢相爭會是另一番結果，也許他還能一統天下。雖然這些都是也許，但我們不能否認項羽是個頂天立地的英雄。

中國有一句俗語：「留得青山在，不怕沒柴燒」。人生總會有低潮的時候，在不利形勢下，面對強大的惡勢力，要能委屈自己，不計一時長短，認準自己的人生目標，不爲其他的誘惑和威脅所干擾，這樣的人生才能夠實現自己最大的價值。

第十六章
幸福是爭取來的

有人說：「七分機運，三分打拚。」古往今來，有許多人是因為抓住了一個絕好的機會，才會「平地一聲雷」，從此走上了成功的道路。然而若往深裡探究，我們會發現，他們的好運氣，不僅僅是好運氣，還有平時的積累，以及關鍵時刻出色的發揮。

1 只有運籌帷幄，才能決勝千里

「運籌帷幄之中，決勝千里之外。」這句話出自《史記・高祖本紀》。意思是說，坐在軍帳中運用計謀，就能決定千里之外戰鬥的勝利。但怎樣才能做到這一點呢？

想要做到這一點，最主要的是要有大局觀。所謂大局觀，就是在處理事情的時候，要善於抓住事物的本質。大局觀的形成是經驗和自信積累的結果，不是一朝一夕就能養成的。關鍵是要有良好的心態，要有平常心。正所謂「旁觀者清，當局者迷」，只有置身事外，看淡一切名利，才能站在局外人的角度來看待事情，才能抓住事情的本質，才能統領全域。

諸葛亮是三國時期蜀國傑出的政治家、軍事家。千百年來，諸葛亮已經成爲智慧的化身，其傳奇性故事爲世人傳誦。

諸葛亮的家世還不錯，諸葛氏在琅琊是個大家族，他的祖輩曾在西漢元帝時期做過司隸校尉（衛戍京師的長官），父親諸葛圭在東漢末年也做過泰山郡丞，但諸葛圭死得早，諸葛亮和弟弟諸葛均其實是由叔父諸葛玄帶大的。後來，諸葛玄帶著他們去投奔了老朋友荊州刺史劉表。

建安二年，諸葛玄也死了。無奈之下，諸葛亮和弟妹只能移居山中，一邊種地維持生活，一邊讀書。

諸葛亮讀書和別人不一樣，他看書一目十行，只瞭解個大概即可，但他很有天賦，書讀的比大多數人都好。他不但熟知天文地理，而且精通戰術兵法。他志向遠大，自比管仲樂毅。

那時候，劉備的部隊正駐紮在新野。有一次，劉備聽水鏡先生司馬徽說起「臥龍」（諸葛亮）、「鳳雛」（龐統）乃是當世豪傑，劉備就有了結識他們的想法。後來，已被劉備委以重任的徐庶，也大力推薦諸葛亮，並說：「這個人可不一般，皇叔如果想要結交他，千萬不要派個人把他叫來，一定要親自去請，不然他不會理你的。」劉備一聽，心說：「這才是高人呢，這個人我要定了。」

於是，劉備便親自去拜訪諸葛亮，去了三次才見到。劉備問諸葛亮：「現在的漢王朝奸臣當道，皇上受欺。我現在想重振大漢王朝的雄威，無奈才疏學淺，直至今天也沒能有所作為。我聽說先生乃當世之奇才，今天特地來請教先生。」

諸葛亮其實一直在等待這個機會，於是他就把自己的計畫一條一條地說給劉備聽，大意就是，先佔領劉表的荊州，再想辦法把劉璋的益州弄到手，與曹操、孫權三分天下，然後再等待時機把曹操和孫權幹掉，統一中國，重振大漢王朝。這就是著名的《隆中對》。

聽諸葛亮說完後，劉備精神振奮，心說：「我怎麼就沒想到呢！妙計！就是他了！」

從此，劉備對諸葛亮言聽計從，根本就不把別人當回事。

西元二〇八年，曹操佔領荊州，劉備待不下去了，只好逃跑。這時，諸葛亮向劉備建議說：「我們可以去聯合東吳，一起抵抗曹軍。」劉備有點猶豫，他說：「咱們現在沒什麼實力，不知道人家孫權能不能理我？」諸葛亮胸有成竹地說：「我和東吳的魯肅是好朋友，只要我親自去柴桑遊說孫權，一定能成功。」聽諸葛亮這樣一說，劉備才答應了。

諸葛亮到達柴桑後，通過魯肅引薦，終於見到了孫權。他先給孫權來了個「激將法」，說：「如果您有實力對抗曹操，那就和他斷交。如果你覺得自己不行，那還不如投降呢！」

孫權也不是那麼好糊弄的，他反問道：「你讓我投降，你們怎麼不投降？」

諸葛亮聽孫權這麼說，就把劉備誇獎了一番，說了些什麼劉皇叔十分有氣節，決不投降之類的話。

孫權聽了這話，心說：「小小劉備都這樣，我要是向曹軍示弱，豈不讓天下人恥笑了。」於是勃然大怒道：「我與曹賊勢不兩立！」

雖然這麼說，但畢竟曹軍幾十萬人都快打到家門口了，不是一兩句話就能嚇走的。

這時，諸葛亮開始給孫權打氣了，他說：「曹軍大老遠從北方跑來，早已經是強弩之末了，雖然號稱八十三萬，其實還不到三十萬，再加上都是北方人，不擅長水戰，曹操剛剛佔領荊州，民心也不在他那邊。劉皇叔現在有兩萬精兵，如果將軍再出兵，曹軍必敗。」

這時的孫權已經沒有退路了，於是他決定聯劉抗曹，決定派周瑜、程普、魯肅等率三萬水軍，與曹操開戰。諸葛亮任務完成，也就回營準備去了。

孫劉聯軍與曹操在赤壁決戰，曹軍大敗，幾乎全軍覆沒，曹操只好帶著幾千兵馬狼狽逃回許都。

赤壁之戰後，劉備乘機佔領荊州。終於有了自己的地盤後，劉備決定犒賞三軍，他封諸葛亮為軍師中郎將，相當於現在的參謀長。

西元二一一年，益州牧劉璋想要攻打張魯，就派張松去請劉備幫忙，誰知張松早就和劉備有所勾結，結果借著劉備入蜀之際，與劉備裡應外合把劉璋也給幹掉了。諸葛亮「三分天下」的計畫宣佈完成。

西元二二〇年，曹丕篡漢自立。

西元二二一年，曹丕殺掉漢獻帝，消息傳到成都以後，所有人都勸劉備登基為帝，劉備假惺惺地不答應。最後還是諸葛亮用耿純遊說劉秀登基的故事勸劉備，才讓劉備下定決心登基稱帝。劉備登基以後，任命諸葛亮為丞相。

西元二二二年，關羽被東吳用計殺死，荊州也被東吳佔領。劉備大怒，決定討伐東吳，奪回荊州，為關羽報仇。諸葛亮極力反對這場戰爭，但這時的劉備誰的話也聽不進去。結果，蜀軍被陸遜用計火燒連營，幾乎全軍覆沒。劉備狼狽逃回了永安。

西元二二三年，劉備病重，在永安托孤於諸葛亮。不久，劉備逝世，劉禪繼位，封諸葛亮為武鄉侯，領益州牧，當時蜀國的大小政務幾乎全由諸葛亮決定。這時，南中地區聽說劉備死了，就乘機叛亂。諸葛亮因國家剛逝去君主，先不發兵，而是派鄧芝和陳震去修復與東吳的關係。

直到西元二二五年春天，諸葛亮才率軍南征，去討伐南中叛亂的雍闓和孟獲。諸葛亮採取參軍馬謖的建議，以攻心為主，先打敗雍闓軍，再「七擒七縱」孟獲，到秋天平定南中各部。從此，蜀國變得更加富饒，這時的諸葛亮也終於能騰出手來準備北伐，以實現自己統一全國的計畫。

西元二二七年三月，諸葛亮開始了第一次北伐。期間，他和魏軍互有勝敗，但多數因運糧不繼而無功而返。西元二三四年，諸葛亮在第五次北伐中，病逝於五丈原，享年五十四歲，歸葬定軍山勉縣的武侯墓。

諸葛亮應該是《三國演義》中最光芒四射的人物。他運籌帷幄之中，決勝千里之外，幾乎是以一己之力促成了「三分天下」的景象。諸葛亮能成就大業，首先是他聰明，這是前提條件。但更主要的是他有大局觀，能夠把當時的形勢分析得相當透徹。

2 反客為主，步步為營

步步爲營，原指軍隊每前進一段不遠的距離，就設下一道營壘。步步爲營，關鍵在「爲營」，重點在「步步」，用好此計有三大好處：一是穩中求進；二是進中求穩；三是穩中求勝。用好此計，你就會勝劵在握。

三國時期，蜀國大將黃忠攻打漢中，漢中本來是曹魏的領土，黃忠先採用步步爲營這一計，就是今天造一個營盤，明天前進不遠，再接著造另一個營盤，一點一點地逼近，最後使魏國的將領失去耐心主動攻擊。「客」攻「主」，是要「客」先攻擊，「主」佔據有利位置。而反客爲主就是要使「主」先攻，然「客」卻佔據了本來「主」擁有的戰略優勢。黃忠就是靠反客爲主、步步爲營之計謀奪得了漢中。

反客爲主的「客」有多種：暫客、久客、賤客，這些都還不是真正的「客」，可是一到漸漸掌握了主人的要害之處的話，就已經反客爲主了。概括地講，就是變被動爲主動，把主動權慢慢地掌握到自己手中。反客爲主，強調循序漸進，不可急躁莽撞，洩露機密，否則只會把事情搞壞。

所以古人說，主客之勢常常發生變化，有的變客爲主，有的變主爲客。關鍵在於變被動爲主動，爭取掌握主動權。

關東諸侯聯合起兵，共推渤海太守袁紹為盟主，反對董卓專權。聯軍攻佔洛陽後，各路諸侯便各打各的算盤，不僅不能同心協力，反而爭權奪利、互相兼併，以致聯盟迅即瓦解，各路諸侯各自為戰，自謀發展。

當時，洛陽一帶幾乎已成廢墟，袁紹覺得在這裡已無戲可唱，便於次年率軍退屯河內，觀望形勢發展。渤海郡屬冀州，因而袁紹在名義上應算冀州牧韓馥的部下，所以韓馥經常派人運送糧草接濟袁紹。誰知韓馥好心不得好報，袁紹及其部下卻暗中算計起富庶的冀州來。謀士逢紀向袁紹獻計說：「大丈夫當縱橫天下，怎能光靠人接濟為生。冀州乃錢糧廣盛之地，將軍何不取之。」。

得到袁紹贊同後，逢紀進一步具體謀劃說：「可暗中派人送信給北平太守公孫瓚，約其共攻冀州，平分其地。他必定欣然起兵攻冀州。面對公孫瓚的進攻，韓馥這樣的無謀之輩肯定會請您協助守冀州。您便可趁勢行事，冀州唾手可得。」

袁紹聞言大喜，即依計送信給公孫瓚。瓚得信，即應約發兵殺奔冀州而來。袁紹卻又使人將公孫瓚發兵攻冀州的消息密報韓馥。韓馥得報後，即召集謀士荀諶、辛評二人商議對策。荀諶說：「公孫瓚率領燕、代之眾，長驅而來，銳不可當。今袁紹智謀過人，手下名將極廣，將軍可請其同治州事，就不怕公孫瓚了。」

韓馥以為得計，便差別駕閔純去請袁紹。

長史耿武諫曰：「袁紹孤客窮軍，仰我鼻息，譬如嬰兒在股掌之上，絕其乳哺立可餓死。怎能將州權委託給他，這等於引虎入羊群啊！」

忠厚的韓馥答道：「我本是袁家先世的故吏，才能又不如袁紹，讓賢是自古以來的美德，現在我決計請袁紹與我一同治理冀州，諸位不要妒忌！」耿武等人見韓馥固執己見，不聽忠告，只好歎息而出。

數日後，袁紹應韓馥之邀率領大隊人馬來到冀州。忠於韓馥的耿武、閔純不願冀州落入袁紹之手，便伏於城外，欲刺殺袁紹，結果被袁紹大將顏良、文醜斬殺。袁紹進入冀州後，即以韓馥為奮威將軍，並以自己的親信部下田豐、沮授、許攸、逢紀分掌州事，架空韓馥，逐漸篡奪韓馥之權，終將冀州據為己有。至此，韓馥懊悔無及，只好棄下家小，隻身投靠陳留太守張邈去了。

公孫瓚見袁紹不講信義，獨吞了冀州，不肯平分其地，因而與袁紹結下仇怨，彼此攻伐。但公孫瓚哪裡是袁紹的對手，屢戰屢敗，後來被袁紹圍困於易京，走投無路，自縊而死。這樣，連公孫瓚割據的幽州也落入了袁紹之手。

韓馥對袁紹懷有美麗的憧憬，迎他入城。這位請來的客人表面上很尊重韓馥，對於他過去的幫助感激涕零，而實際上卻逐漸將自己的部下一個一個地安排在了冀州的要害部位，許多職務最後都掌握在了袁紹手中。這時，韓馥才感覺到在自己的地盤裡面，卻好像到了別人家做客的一樣彆扭，這才明白，他這個「主」已被「客」取而代之了。為了保住性命，他只得乘著夜色，流著眼淚隻身逃出冀州。

「反客爲主」是爲了爭取主動地位，是鬥爭中的一個最高原則，掌握主動就可以控制大局，處於被動則始終任人擺佈。在敵優我劣的情勢下，無論如何都要想辦法取得主動權，沒有主動權，就不會勝利。武術有所謂的「擒拿」與「反擒拿」之術，這正說明主客之勢的反覆爭奪，目的無非是爭取控制權，只有占得了上風，才可以憑自己的意志去改變環境。

反客爲主的「主」是主人，「客」是賓客，主與客，是人與人之間禮儀上的名分區別，不能混淆。但如果施之於鬥爭的場合，主客就沒有什麼界限了，總之，能支配人的是主，受人支配的是客，能從被動中爭取到主動的就是「反客爲主」。

古人用此計策，多半是用在盟友身上，抓住有利時機，兼併或者控制他人，努力變被動爲主動，先站穩腳跟，然後步步爲營，爭取掌握主動權。如今，這一謀略同樣有它的價值。身處職場的你，若能熟諳此道，必會成爲進退自如的高手。

做一個有「心機」的人，適用反客爲主之計，抓住有利時機，爭取主動，這樣才能做到步步爲營。

3 與其等待別人的恩賞，不如靠自己去努力

好事情都不是等來的，要想走運，必須靠自己去努力爭取。諸葛亮總是把主動

權掌握在自己手上，從不希望別人恩賞什麼，而是憑一條條錦囊妙計奪取一顆顆勝利之果。

赤壁之戰前夜，諸葛亮從江東回來後，便相當確信周瑜必可擊敗曹操，因此，當劉備和關羽在安排安全脫身的退路時，諸葛亮倒相當積極地思考戰勝後的善後工作。

由於所承擔的戰爭任務太少了，諸葛亮相信，即使這一戰打贏了，劉備陣營也分不到什麼戰利品，甚至有可能淪為寄人籬下的可憐蟲。因此，他認為與其等待別人的恩賞，不如靠自己去奪取的好。

赤壁之戰結束後，首先光復的荊州郡縣，便是長江北岸的南郡。諸葛亮建議劉備向孫權爭取一下，讓劉琦繼任荊州牧。由於劉琦乃劉表長子，出於義理，孫權只好答應了。當然，劉琦既然是荊州牧，南郡便順其自然地暫時納入劉備軍團的管轄了。

緊接著，諸葛亮希望周瑜能將注意力放在江陵以北的荊州地區，特別是由曹仁據守的軍事重鎮——江陵。

在赤壁戰後的第一次孫劉聯合軍事會議中，劉備建議道：「曹仁鎮守的江陵，糧食及武器儲存甚多，必須在曹軍未穩定前儘快攻陷，否則曹仁一旦在江陵安定下來，整個荊州便不易光復了。」

周瑜說：「劉豫州，您對荊州比較熟悉，依照您的看法呢？」

劉備回道：「曹操在荊州地區的信譽已失，不如立刻加大壓力，逼他們撤退。我派張飛帶一千名士兵前往協助您，也希望您能分我兩千人馬，以表示我們雙方仍聯手作戰，來製造聲勢。您由正面進擊江陵，我沿著夏水進入其背後，相信在內外壓力下，曹仁一定很快會撤退的。」

周瑜很乾脆地答應了劉備的計畫，並且立刻付諸行動。

周瑜率領赤壁之戰的原班人馬，向江陵發動攻勢。不過，曹仁不但沒有很快撤退，反而頑強地抵抗了好幾個月。東吳軍這一仗打得非常辛苦，周瑜親自指揮正面攻城戰，不僅沒絲毫占到便宜，反而在曹仁發動的幾次突擊戰中，損失不少將士。

猛將甘寧建議另闢夷陵戰場，用以牽制曹仁軍隊，瓦解其抵抗意志。但這一支軍隊卻又遭到了曹仁聲東擊西戰術的打擊，幾乎全軍覆沒，甘寧僅以身免。雙方對峙一年多，讓周瑜頭痛不已。

在最後激烈的攻城戰中，周瑜右肋中箭，傷勢嚴重。但為鼓舞士氣，乃令人以木棒支撐其身體，坐鎮大本營指揮作戰。曹仁攝於周瑜之氣勢，又擔心劉備的遊擊軍切斷其後路，乃依照曹操事先指示，棄守江陵，撤退襄陽，以重新整頓防線。

周瑜因箭傷一直未能治癒，加上軍事繁重，無法靜養，一年後，傷勢惡化，病逝行營中。

江陵會戰期間，劉備和張飛在北方協助東吳軍作戰。諸葛亮則帶領關羽和趙雲的部隊，配合劉琦的江夏軍團，以南郡為根據地，向南征討荊南四郡——武陵郡、長沙郡、桂陽郡及零陵郡。

荊襄陷落時，荊南四郡雖未遭到曹操佔領，但原則上，他們都接受了劉琮當時的指令，向曹操表示投降。武陵郡由於郡守棄職逃亡，曹操命令該郡重臣金旋接任太守職。在諸葛亮的規劃下，關羽軍襲擊武陵及長沙，趙雲軍攻打桂陽和零陵。

在趙雲軟硬兼施下，零陵太守劉度首先投降。關羽則在長沙郡陷入苦戰，長沙太守韓玄，據險堅守，幸賴原荊襄將領魏延，說服長沙軍頭黃忠倒戈，才逼得韓玄不得不投降。

長沙郡歸併劉備軍統轄後，武陵太守金旋陷入孤立無援狀態，只得向關羽投降。

荊南四郡被劉備陣營吞併，但江陵戰事火熱，劉備本人也正在夷陵附近協助東吳軍，孫權周瑜只好暫時忍耐。

嚴格來講，赤壁之戰中，曹操的南征軍團雖被徹底擊敗，但真正損失卻不多，只是喪失了不少新佔領的荊州領地而已。

反觀東吳方面，雖然在赤壁獲得大勝，但在隨後發生的江陵戰役中損失不少，特別是天才軍事家周瑜身受重傷，導致日後的逝世，而他們卻只在戰後獲得了荊州東部的三個郡，其實是得不償失。

收穫最大的應該算是劉備，雖然後來被逼著歸還了一部分南郡，但在諸葛亮規劃下，劉備趁機囊括荊南四郡，不但使自己的事業起死回生，而且還得到了日後打天下的最重要的根據地。

天上不會掉餡餅，一個時時等待成功光臨的人，是不會有收穫的。一切成功都要靠自己的努力去爭取。只有主動出擊，尋找機遇，才能發現機遇、抓住機會。

命運對每一人都是公平的，不會唯獨對某個人不好或者對某個人好。可爲什麼總是有人埋怨命運不眷顧他呢？道理很簡單，就是當機會來臨時，很多人總是以爲那不是給自己的，因此猶豫了、退縮了，結果就這樣與機會失之交臂。

每個人都渴望成功，但成功並不都屬於每一個人。當那些沒有成功的人被問及原因時，他們的回答往往是：「因爲我沒有成功的機會。」他們認爲自己很有能力，卻生不逢時，找不到適合發揮自己能力的空間。機遇是由人創造出來的，事實上，那些以無比熱情看待自己工作和事業的人，總能發掘出無窮的機會。

在陷入困境時，我們都期望著有位「貴人」能突然出現在我們面前，引領我們向前走。但是，假如連你自己都不願意積極主動地面對生命中那些不可避免的困境，就算有人伸手拉你一把，你也一樣脫離不了困頓的日子。

機會對每個人來說都是公平的。當機會來臨時，我們需要主動地伸出手去握住；當困境不期而至時，我們應該積極地迎接挑戰，並用自己的智慧和勇氣去戰勝它。困境是個欺軟怕硬的東西，你強它弱，你弱它反而就強了。因此，任何時候都不要坐以待斃，努力爭取多做嘗試，試著改變自己的命運吧。

4 「酒香也怕巷子深」，不放過一切努力的機會

不同的態度產生不同的結果，許多人之所以平庸了一輩子，就是因為他們一直在等待完全成熟的條件和萬無一失的機會，卻缺乏站出來推銷自己的勇氣。古希臘哲學家蘇格拉底說：「要使世界動，一定要自己先動。」一個人若有追求成功的熱情，並給周圍的人帶來強烈的感染力，奇跡也可以從這裡誕生。

現在，我們已經看到了「站出來」的重要性，但有的時候，你會連站出來的機

會都沒有，這就需要我們自己去製造機會了。

《三國演義》第三十七回中有這樣一段描寫：司馬徽來見劉備，他對劉備這樣描述諸葛亮的，他說道：「同學們非常用功地鑽研問題，唯獨諸葛亮看看大略，把握一下總體就行了。在別人學習的時候，我們這位孔明先生抱著膝蓋放聲長嘯，對著面前幾個人說：『你們各位都可以做到刺史、郡守（相當於省長、市長）。』大家問『孔明你的志向是什麼？』孔明笑而不答。」

從中，我們可以看到兩點，一是諸葛亮很強調學習的差異化，用與眾不同的方法學習與眾不同的內容，這就讓他在同學中間顯得很特立獨行；二是他把自己的職業定位得很高，不滿足於做刺史郡守。

獨特的方法、遠大的目標，讓諸葛亮在同學中顯得很突出。而且，他還更加大膽地對自己做了一下概念包裝，自取道號「臥龍」，住的地方取名叫「臥龍崗」。龍在中國是尊貴的象徵，代表著高高在上，是絕對的權威。諸葛亮大膽地把自己比作龍，從而強調了自己荊州第一名士的地位，讓人印象深刻。

同時，他又把自己比作管仲樂毅，這兩位可是赫赫有名的歷史名人。管仲輔佐齊桓公「九合諸侯，一匡天下」；樂毅領導弱小的燕國大敗強大的齊國，接連攻下七十二座城，兩個人都是輔佐國君成就霸業的棟樑。一般人想也不敢想的事情，年紀輕輕的諸葛亮居然敢說：「這兩個人有什麼，我和他們一樣。」

由此可見，諸葛亮的策略就是怎麼大怎麼說、怎麼高怎麼說，這一策略叫自抬身價。一般人會覺得這樣做不是過於狂妄，顯得不謙虛嗎？為什麼諸葛亮敢這樣做呢？因為他有三個有利條件：第一，他確實水準高，有才能；第二，他有前邊提到的那些人的支持和認可；第三，諸葛亮在荊州的人脈平台也已經基本建立了。所以，他才敢採取自抬身價的方式宣傳自己。

那些擁有驚世才能的人，若不懂得表現，就等於自我埋沒。謙虛固然是一種美德，但如果過度，反而會適得其反，給人平凡無奇、沒有才華之感。

有時候，我們需要適度地自我推銷，古時尚有「毛遂自薦」，何況是在思想如此開放的今天，自己的命運，要自己開拓。

當然，直奔目標有時候很難如願，儘管你完全有條件勝任某一職務，但掌握你命運的人就是不認可，該怎麼辦？這時候就需要換一個角度去包裝自己，以提升自己在對方心目中的地位。這其中，用別人的檔次提升自己的檔次，就是一種非常有效的自我包裝。

在諸葛亮求職過程中，有三個人起了關鍵作用。第一個是徐庶徐元直，就是歇後語「徐庶進曹營——一言不發」的那個徐庶。

《三國志》記載，徐庶對諸葛亮的職業生涯產生了重大影響。關於徐庶，《三國志》裴注引《魏略》記載：「庶先名福，本單家子，少好任俠擊劍。中平末，嘗為人報讎，白堊突面，被發而走，為吏所得，問其姓字，閉口不言。吏乃於車上立柱維磔之，擊鼓以令於市鄽，莫敢識者，而其黨伍共篡解之，得脫。於是感激，棄其刀戟，更疏巾單衣，折節學問。始詣精舍，諸生聞其前作賊，不肯與共止。福乃卑躬早起，常獨掃除，動靜先意，聽習經業，義理精熟。遂與同郡石韜相親愛。初平中，中州兵起，乃與韜南客荊州，到，又與諸葛亮特相善。」

諸葛亮到荊州以後，和徐庶成了好朋友。徐庶文武全才，經歷過苦難的考驗，性格堅毅，屬於敢想敢幹的突破型人才。諸葛亮選擇徐庶發展友誼，說明他有獨到的眼光。後來，徐庶到新野縣投奔劉備後，曾很認真地向劉備推薦諸葛亮。

劉備很器重徐庶，他問徐庶，諸葛亮為人如何。徐庶說勝過自己百倍。以前，劉備聽到的都是諸葛亮的虛名，現在親眼見到了諸葛亮的朋友徐庶，此人才能卓越，卻說自己比不上諸葛亮。於是，劉備對諸葛亮的傾慕指數一下子有了大幅度提高，並且下定決心要請他出山。

認識一個人之前，先瞭解他的朋友。這就叫「觀人觀交」。想要知道一個人的為人，可以先去觀察他的朋友，平時和他交往密切的人是什麼樣，這個人大致就是什麼樣。正所謂「物以類聚，人以群分」。和百靈鳥在一起，他一定會唱；和千里馬在一起，他一定會跑；與道德高尚的人在一起，他也一定道德高尚。

這種方法還有另一種用途，就是當我們想要展示自己的時候，不用自賣自誇，只要把我們身邊一兩位優秀的朋友展示給別人就夠了。這叫做「呈現身邊人，可以展現自己；觀察身邊人，可以瞭解他人」。一個有才華的人，應該學會使用這種間接手段，達到直接展示自己的目的，這就是智慧。

除了有徐庶的介紹之外，還有另外兩個重要人士的介紹對劉備選擇諸葛亮起了關鍵作用。

《資治通鑑》上記載，為了尋訪人才，劉備專程拜訪荊州著名的「人力資源專家」司馬徽，司馬徽說：「儒生俗士，豈識時務，識時務者在乎俊傑。此間自有臥龍、鳳雛。」劉備立刻被這兩個綽號吸引了，一龍一鳳，都是俊傑，這可太好了。

於是他就問司馬徽這兩個人是誰，司馬徽說「臥龍」是諸葛亮，「鳳雛」是龐統。這是諸葛亮第一次進入劉備的視野，而且還是高調進入，因為是由著名的「人力資源專家」推薦的。現在找工作，專家推薦是成功率非常高的一個途徑。那時的諸葛亮作為一個缺乏工作經驗的青年，怎麼就這麼受專家認可呢？我們可以從劉備二顧茅廬時看出端倪。

那時正值天寒地凍的隆冬時節，劉備冒著大雪來訪諸葛亮，但諸葛亮既沒有感激涕零也沒有熱情出迎，反而避而不見。劉備撲了個空，只好離開，就在正準備上馬離開時，一位重要的人物出場了。

《三國演義》把這一小段寫得很優美：「見小橋之西，一人頭戴暖帽，身穿狐裘，騎著一驢，後隨一青衣小童，帶著一葫蘆酒，踏雪而來，口中還吟著詩，一夜北風寒，萬里彤雲厚。騎驢過小橋，獨歎梅花瘦！」此情此景，讓劉備大為驚歎。劉備上前見禮互通名姓，來人竟是諸葛亮的岳父黃承彥。

雖說做人要有真本事，濫竽充數之人可以蒙蔽別人一時，卻不可蒙蔽別人一世，但做人也怕空有一身才華而無人賞識。正所謂「酒香也怕巷子深」，一個人若想出人頭地，適當的時候站出來推銷自己，要比躲在角落裡等著被人發現強出百倍、千倍都不止。

在我們周圍，也可以找出很多勇於推銷自己的人獲得成功，而羞於自薦的人仍在原地踏步的例子。如今這個競爭激烈的社會，再也不是那種「待價而沽」或「三顧茅廬」的時代了，如果不主動出擊，讓別人看得到你，知道你的存在，知道你的能力，你就有可能錯失良機，至少你獲得機會的機會，會比別人少很多。

從布衣到曠代名相：諸葛亮傳奇

(原書名：關鍵時刻, 諸葛亮是這麼幹的)

作者：歐陽彥之
發行人：陳曉林
出版所：風雲時代出版股份有限公司
地址：10576台北市民生東路五段178號7樓之3
電話：(02) 2756-0949
傳真：(02) 2765-3799
執行主編：劉宇青
美術設計：吳宗潔
業務總監：張瑋鳳

出版日期：2023年5月 新版一刷
版權授權：馬峰
ISBN：978-626-7153-87-1

風雲書網：http://www.eastbooks.com.tw
官方部落格：http://eastbooks.pixnet.net/blog
Facebook：http://www.facebook.com/h7560949
E-mail：h7560949@ms15.hinet.net
劃撥帳號：12043291
戶名：風雲時代出版股份有限公司

風雲發行所：33373桃園市龜山區公西村2鄰復興街304巷96號
電話：(03) 318-1378
傳真：(03) 318-1378
法律顧問：永然法律事務所 李永然律師
北辰著作權事務所 蕭雄淋律師

行政院新聞局局版台業字第3595號 營利事業統一編號22759935

定價 ：320元

國家圖書館出版品預行編目資料

從布衣到曠代名相：諸葛亮傳奇 / 歐陽彥之著. -- 臺北市：風雲時代出版股份有限公司, 2023.02 面； 公分

ISBN 978-626-7153-87-1（平裝）

1.CST: (三國)諸葛亮 2.CST: 傳記

782.823 111020923